AF557050

PUNCH NEEDLE

26 phantasievolle Ideen

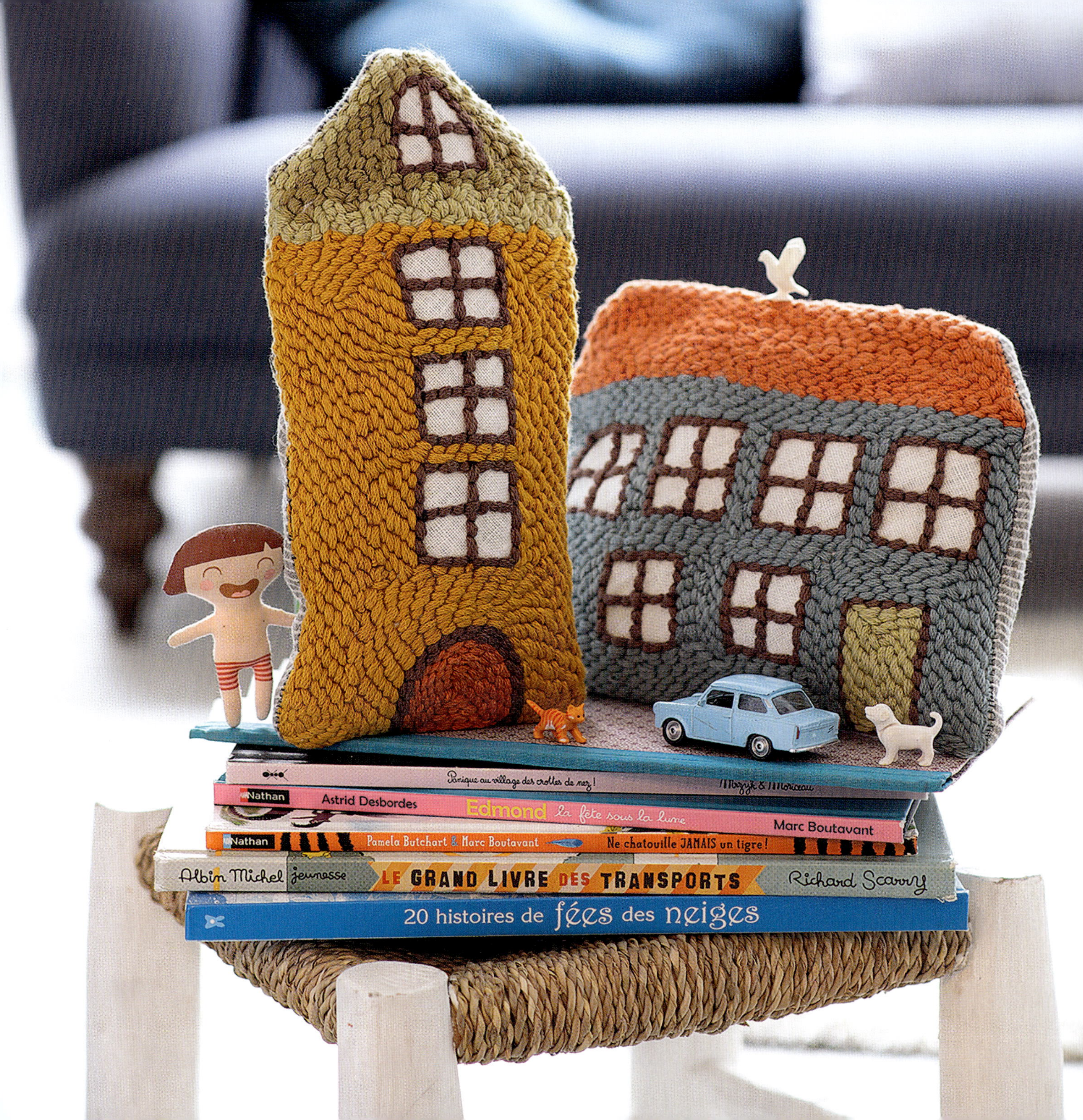
Panique au village des crottes de nez !
Nathan
Astrid Desbordes
Edmond la fête sous la lune
Marc Boutavant
Nathan
Pamela Butchart & Marc Boutavant
Ne chatouille JAMAIS un tigre !
Albin Michel jeunesse
LE GRAND LIVRE DES TRANSPORTS
Richard Scarry
20 histoires de fées des neiges

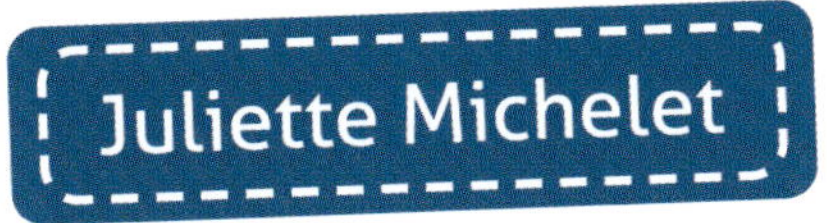

PUNCH NEEDLE

26 phantasievolle Ideen

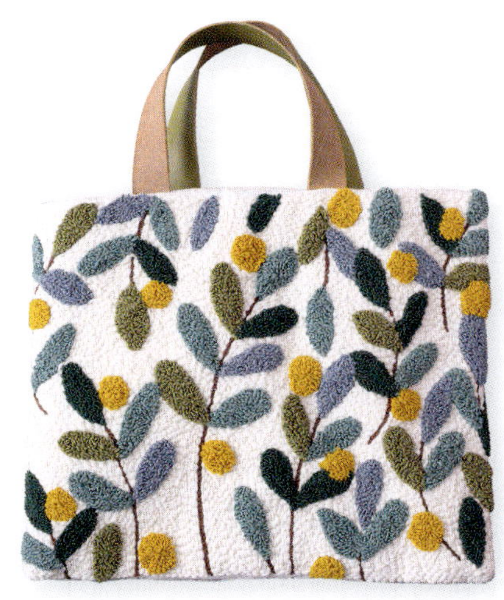

BuchVerlag
für die Frau

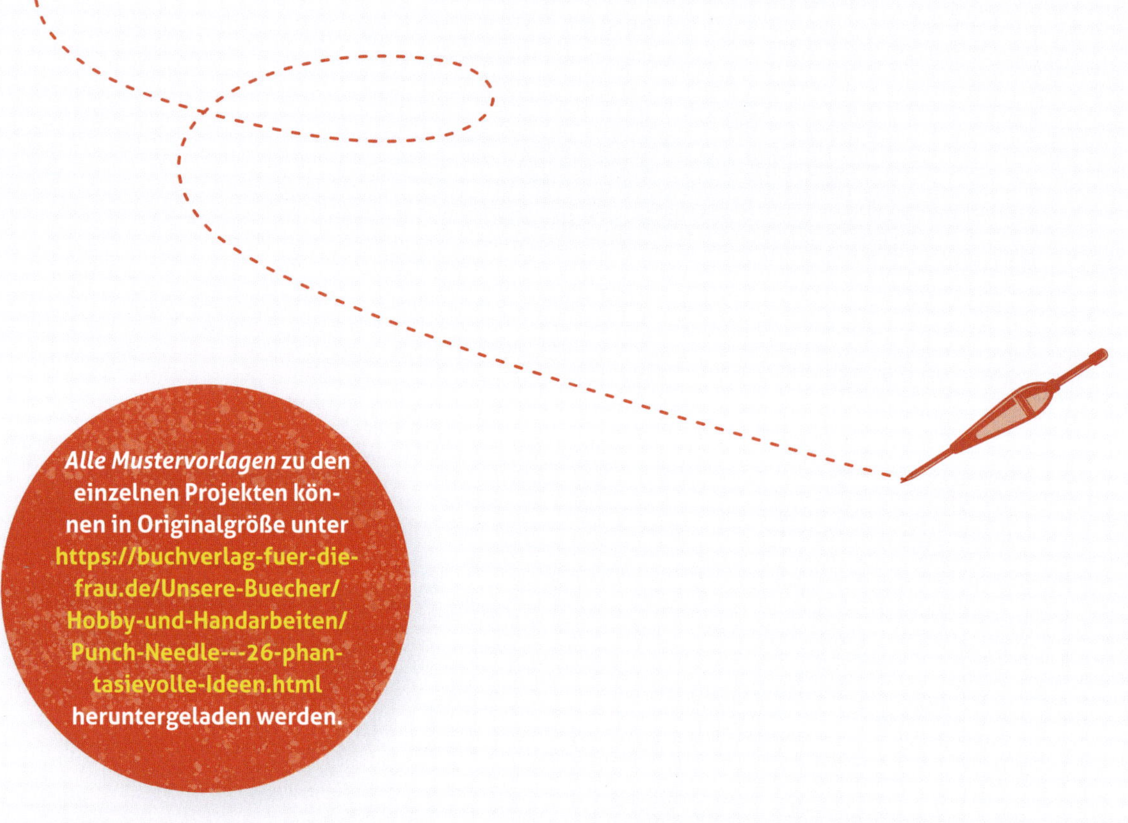

Originaltitel: Punch Needle –
La broderie en relief © 2019 by Éditions Marie Claire - Société d'Information et de Créations (SIC)
Kreationen: Juliette Michelet
Erläuterungen und Musterzeichnungen: Juliette Michelet
Fotos: Jean-Baptiste Pellerin
Einband, grafische Gestaltung und Umbruch: Either studio

ISBN 978-3-89798-577-3

Covergestaltung und Layout: Amrei Serfling, Leipzig
Druck und Bindung: Standartų Spaustuvė UAB
Printed in Lithuania

www.buchverlag-fuer-die-frau.de

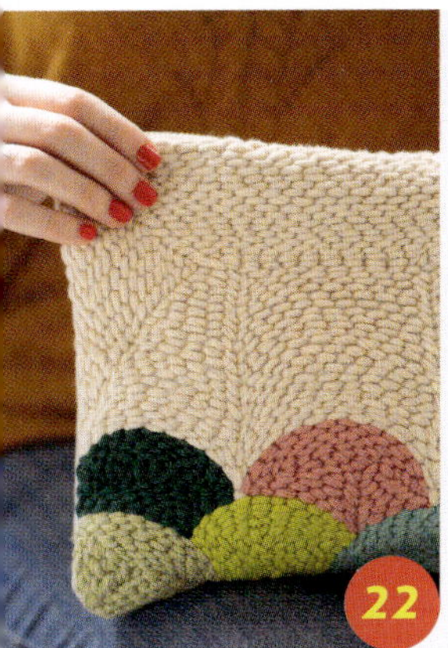

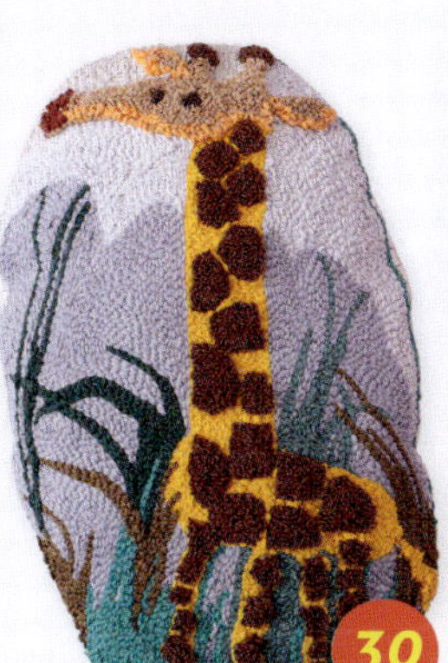

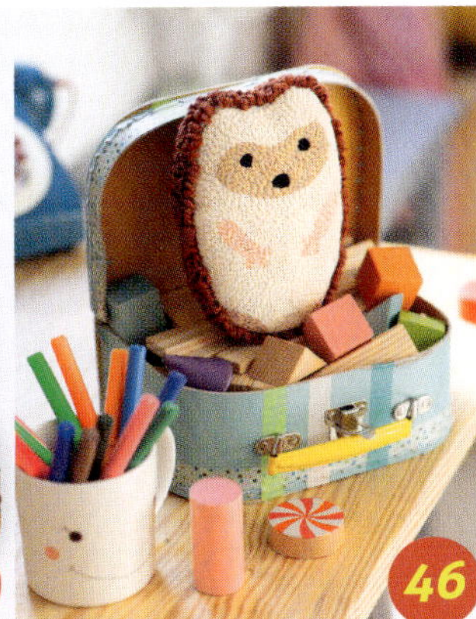

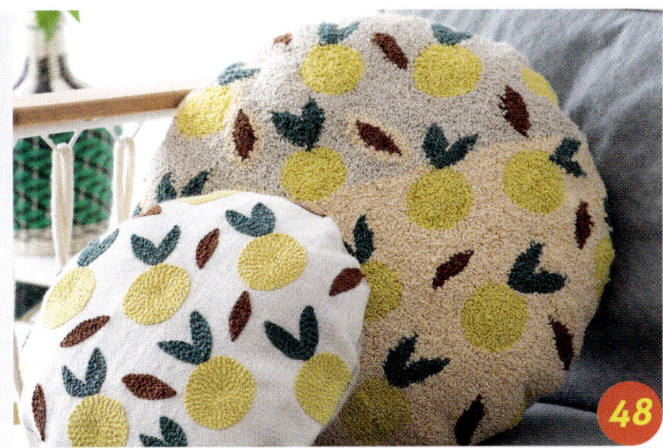

Inhalt

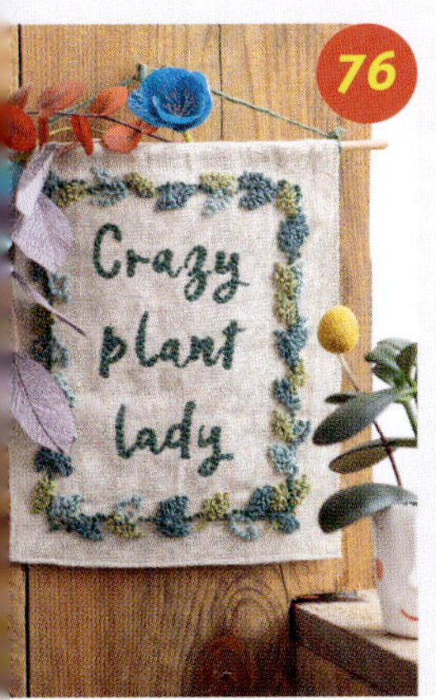

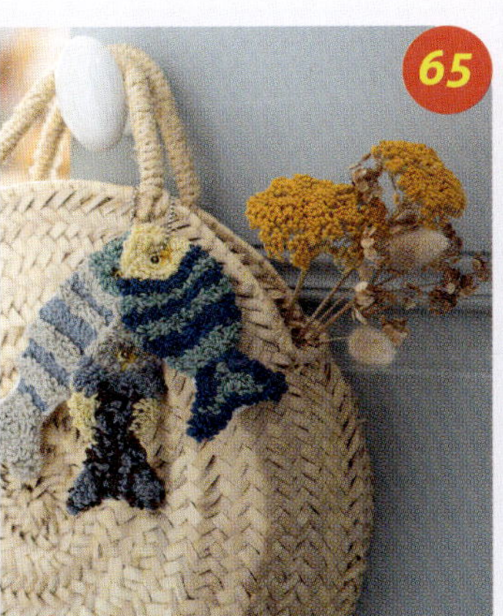

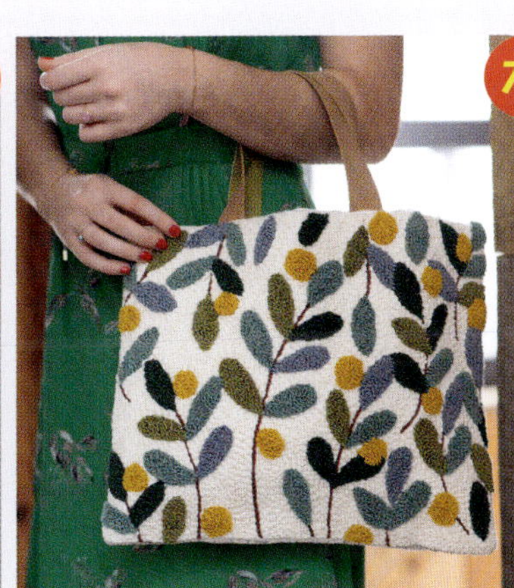

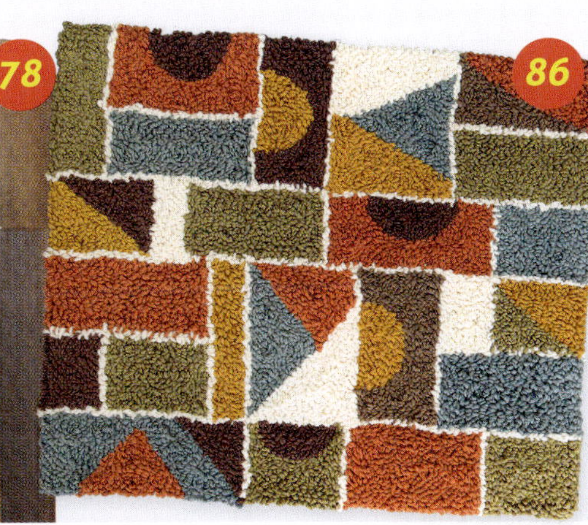

VORWORT

Wenn Sie die Punch Needle-Technik noch nicht kennen, sollten Sie aufpassen, denn es besteht die Gefahr, „süchtig" zu werden.

Mit Hilfe dieses neuen „Werkzeugs" kann man reliefartige Stickereien ausführen. Diese Form des Stickens ist sehr anwenderfreundlich, denn sie ist sehr einfach und spielerisch umzusetzen, auch Anfänger sollten den Versuch wagen. Diese Technik erfordert wenig Material und ist prima für das Aufbrauchen von Garn- und Wollresten geeignet!

In diesem Buch gibt es mit Dekoartikeln, modischem Beiwerk und Kuschelkissen etwas für jeden Geschmack. Also kurz gesagt: Legen Sie los!

Juliette

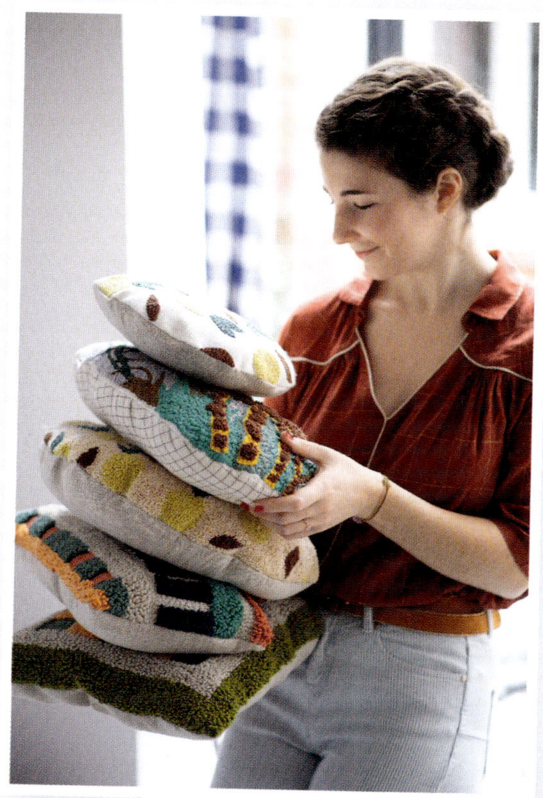

Material

Für die Ausführung der Stickarbeiten mit der Punch Needle wird benötigt:

1. Verschiedene Größen der Punch Needle
2. Eine Auswahl an Garnen
3. Zum Spannen des Stoffes: einen Stickrahmen oder einen Stickring
4. Eine Stoffschere
5. Stoffe, die als Grundlage für das „Punchen" dienen
6. Stoffe als Futter für Ihre Kreationen
7. Eine dünne Hartschaumplatte
8. Textilkleber
9. Einen Stift mit wärmelöslicher Tinte oder einen Bleistift
10. Und eine Grundausstattung an Nähzubehör wie Lineal, Faden, eine Nadel, Draht, Ösen …

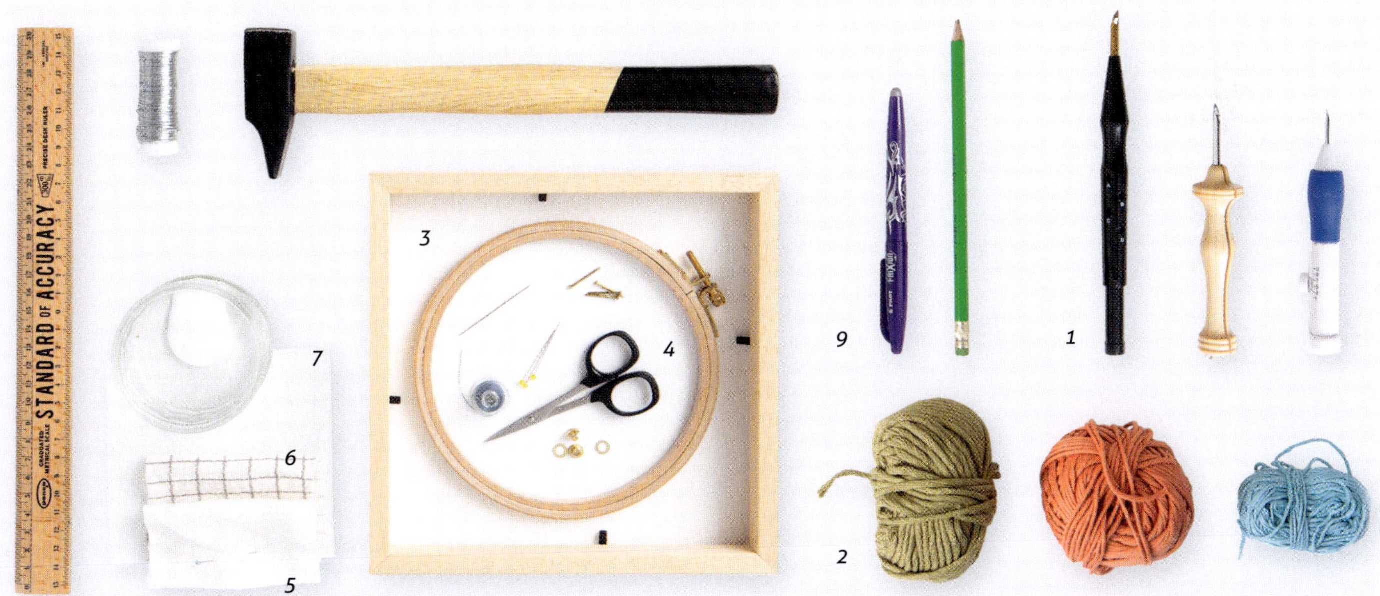

Stoffe

Wählen Sie Ihre Stoffe in der Webart „leinenartig" aus. Der Stoff muss grob gewebt sein und das Gewebe muss sich leicht auseinander schieben lassen. Gewebe aus Jute oder Leinen, etwas dickeren und widerstandsfähigen Materialien eignet sich hervorragend. Es sollte ein lockeres Gewebe ausgewählt werden.

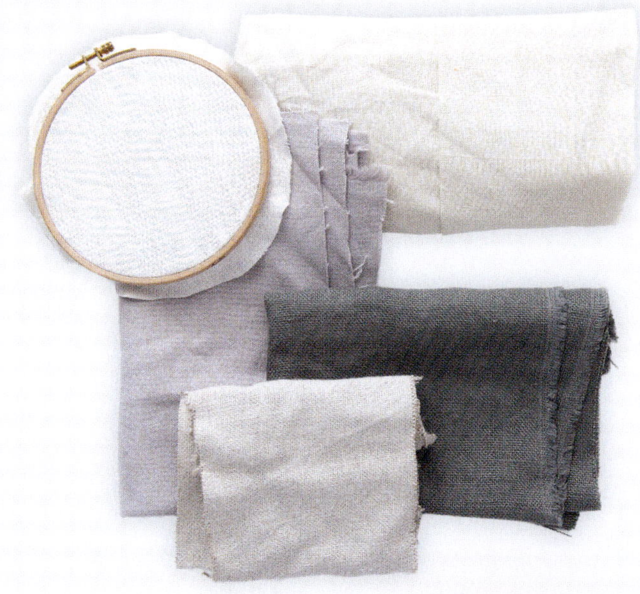

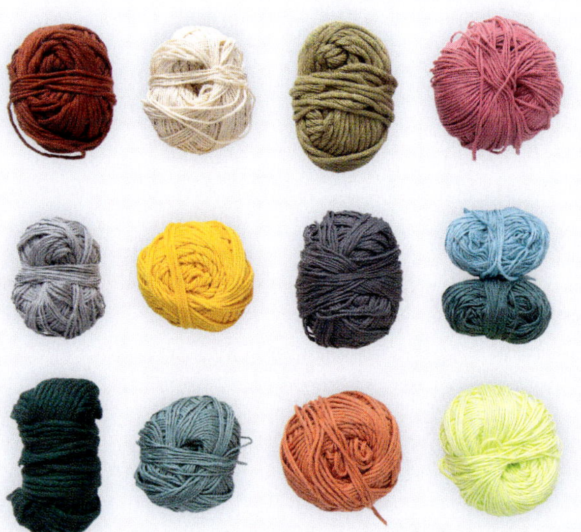

Garne

Wählen Sie Ihre Garne abhängig von Ihren Farb- und Materialwünschen aus. Versuchen Sie ruhig, sich bei der Zusammenstellung einer Farbpalette visuell inspirieren zu lassen (Gemälde, Fotos, Seiten aus Zeitschriften...).

Alle benötigten Sortimente an Garnen finden Sie bei DMC, aber auch bei vielen anderen Anbietern.

Tipp

Nehmen Sie Ihre Knäuel mit, wenn Sie Ihre Punch Needle kaufen gehen. Dann können Sie die Wolle in das Nadelöhr einfädeln und überprüfen, ob die Fadenstärke passt.

Nadeln

Die Nadeln gibt es in zahlreichen Größen.
Folgende drei Nadeln habe ich für dieses Buch verwendet:

Die *erste Nadel* hat Größe 10 und ermöglicht das Arbeiten mit Strickgarnen für die Nadelstärken 6 bis 8.

Die *zweite Nadel* hat die Größe 1/4 und ist geeignet für das Arbeiten mit Strickgarnen für die Nadelstärken 4 bis 5.

Die *dritte Nadel* ist eine feine Punch Needle und ist ideal für das Arbeiten mit sehr feinen Garnen.

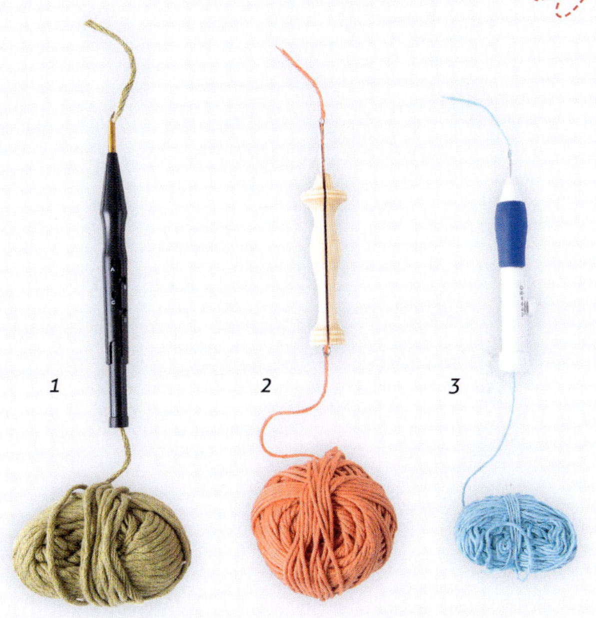

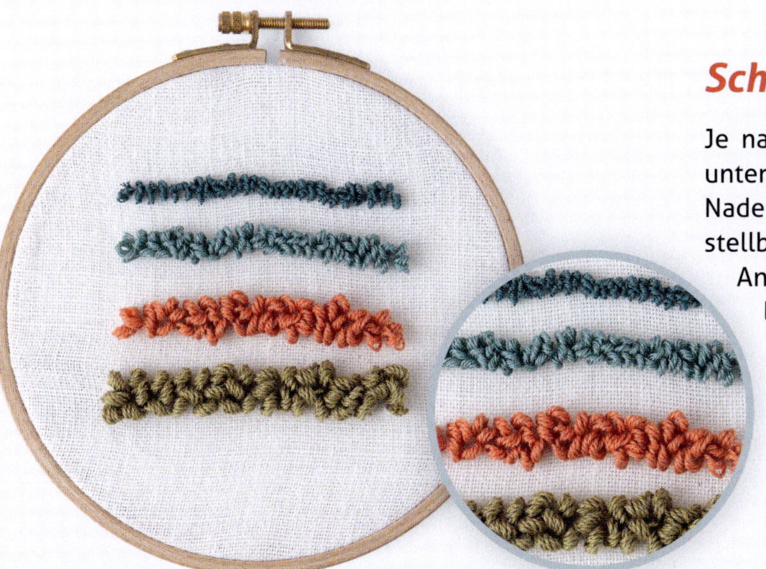

Schlaufen

Je nach der ausgewählten Punch Needle erhält man unterschiedliche Schlaufengrößen. Die meisten Punch-Nadeln sind auf die gewünschte Schlaufenlänge einstellbar.

Anfänger sollten zunächst verschiedene Materialien und Nadelgrößen ausprobieren.

GEBRAUCHSANLEITUNG

Einfädeln des Garns

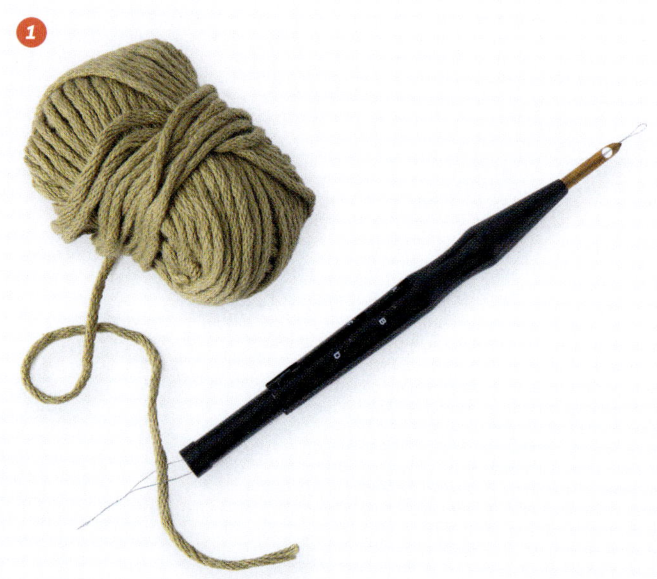

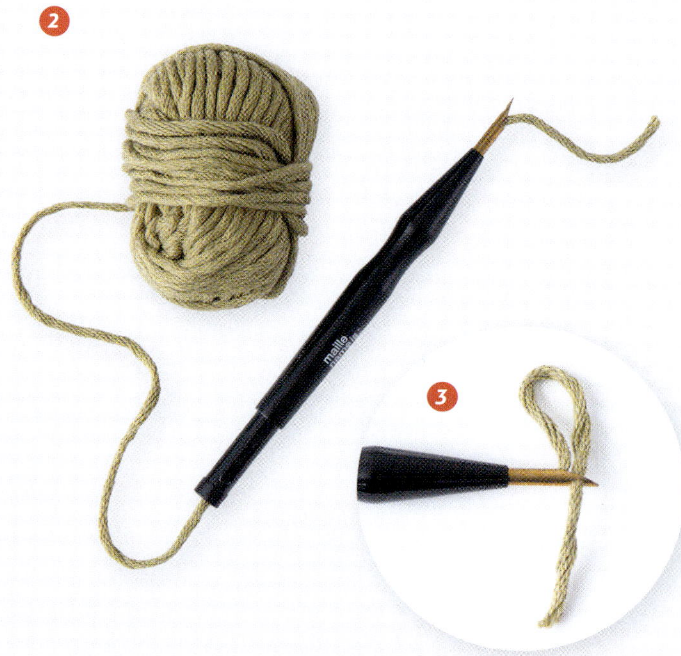

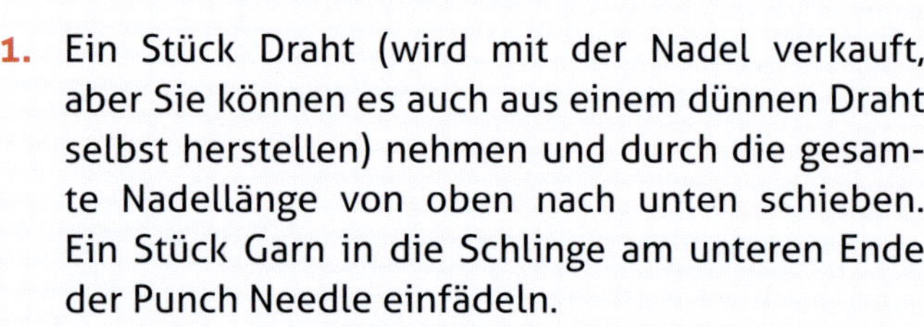

1. Ein Stück Draht (wird mit der Nadel verkauft, aber Sie können es auch aus einem dünnen Draht selbst herstellen) nehmen und durch die gesamte Nadellänge von oben nach unten schieben. Ein Stück Garn in die Schlinge am unteren Ende der Punch Needle einfädeln.
2. Ziehen, bis der Faden auf der anderen Seite herauskommt.
3. Das Garn anschließend durch das Nadelöhr von innen nach außen (vorn) führen.

Spannen des Stoffes

Zum Spannen des Stoffes den Stickring auseinandernehmen und den glatten Teil ohne Schraube hinter dem Stoff und den Teil mit Schraube auf der Vorderseite platzieren.

Schieben Sie den äußeren Ring darüber und achten Sie darauf, dass der Stoff gut gespannt wird. (Lassen Sie einen Stoffrand von ca. 5 cm um den Rahmen herum überstehen.)

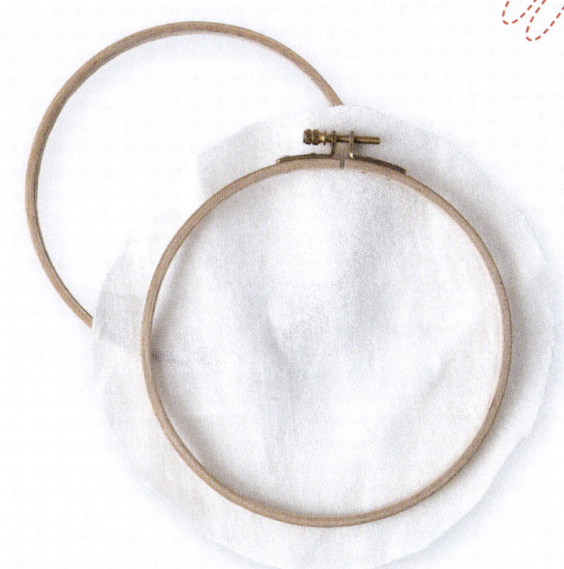

Übertragen eines Motivs

1. Nehmen Sie ein Blatt Papier mit dem ausgewählten Motiv darauf sowie einen Stift mit wärmelöslicher Tinte (oder einen Bleistift).
2. Das Motiv hinter dem Stickring positionieren und festheften.

Sie können das Motiv durch den transparenten Stoff nachziehen. Falls dies zu schwierig ist bzw. das Motiv nicht gut zu sehen ist, setzen Sie sich an ein Fenster, um die Sichtbarkeit zu verbessern.

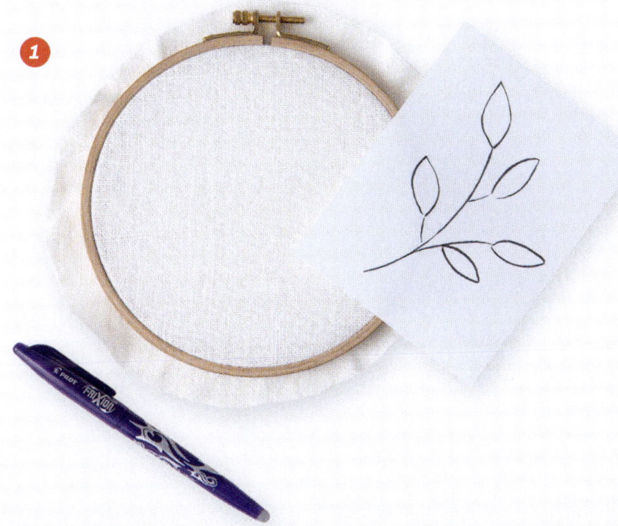

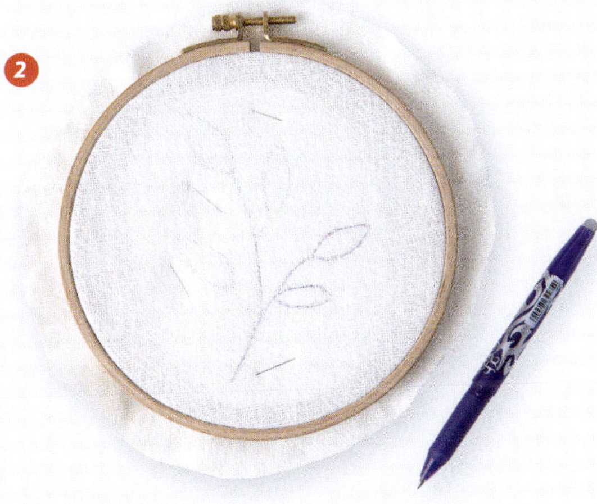

Flache Stiche und Schlaufen

1. Fädeln Sie die Punch Needle ein und lassen Sie ca. 5 cm Faden herausstehen. Die Nadel bis zum Anschlag in den Stoff stechen.
2. Die Nadel vorsichtig wieder herausziehen und diese wenige Millimeter entfernt erneut hineinstechen: Das sind die flachen Stiche.
3. Dem Motiv bis zum Ende folgen.
4. Zum Abschneiden des Fadens die Nadel auf der linken Stoffseite stecken lassen und den Faden an der Rückseite der Nadel abschneiden. Die Nadel aus dem Stoff entfernen.

Tipp

Die Nadel beim Herausziehen nicht anheben, sondern auf dem Stoff entlang gleiten lassen, um den folgenden Stich auszuführen.

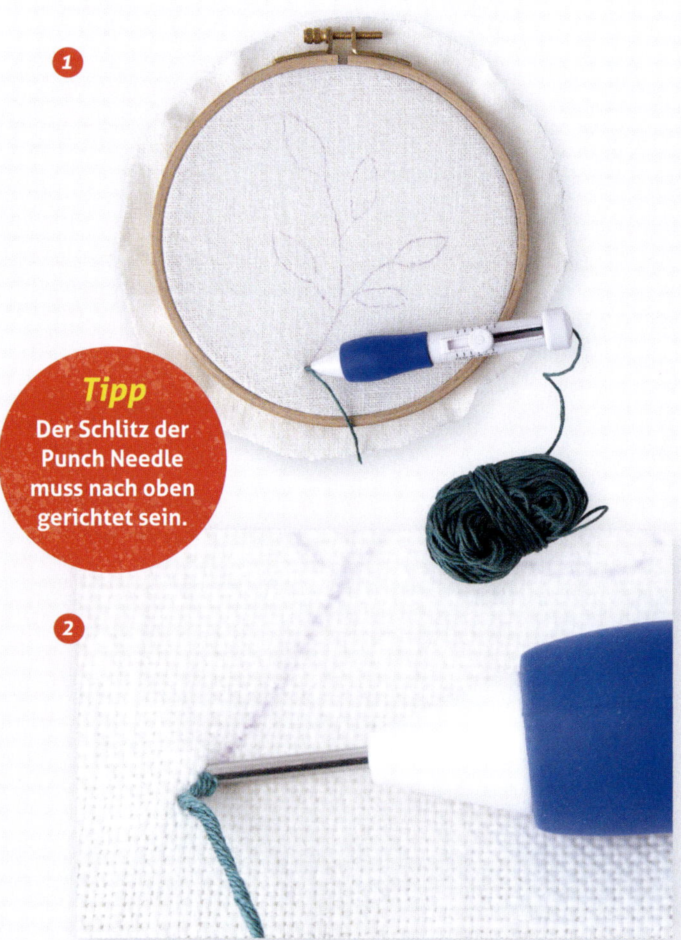

Tipp

Der Schlitz der Punch Needle muss nach oben gerichtet sein.

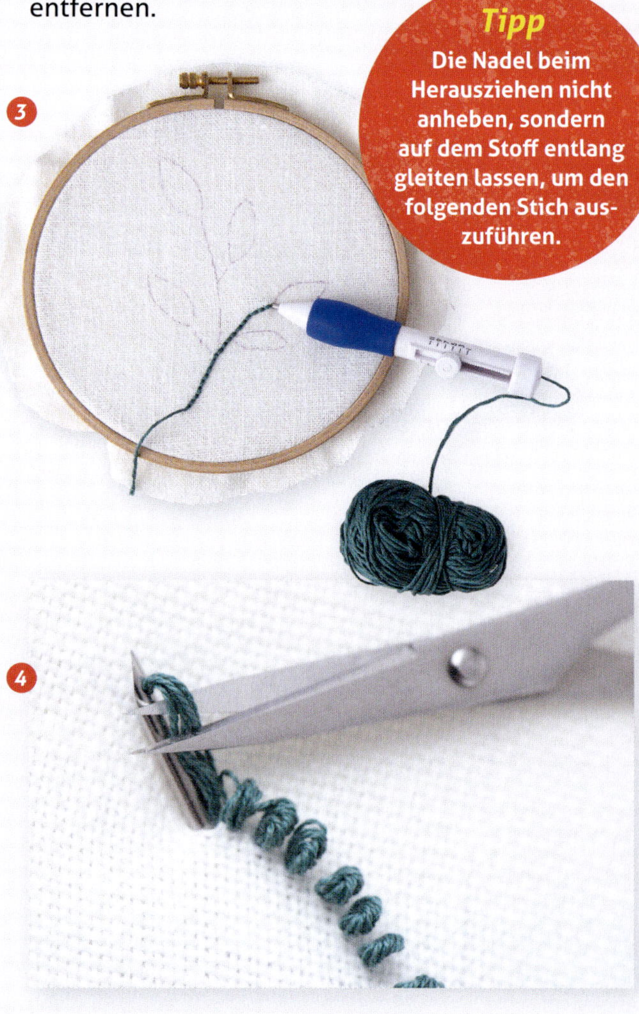

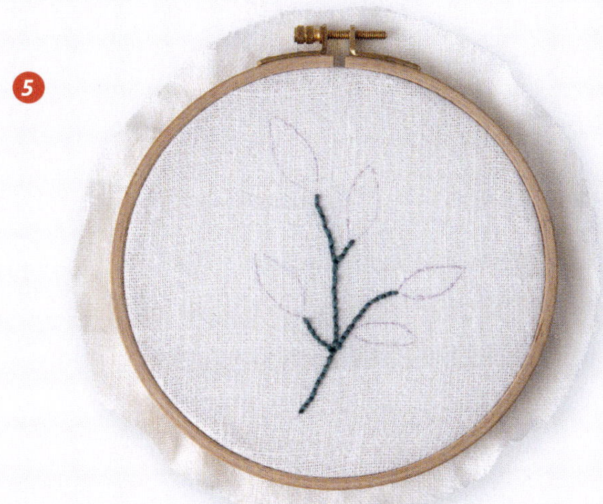

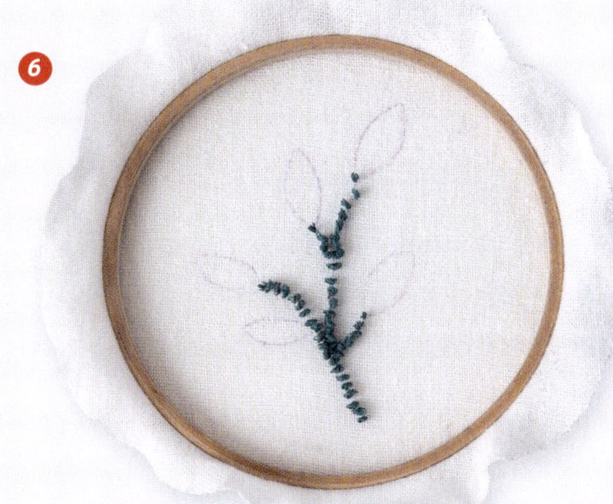

5. Den Ausgangsfaden auf der Vorderseite der Stickarbeit bündig abschneiden, so erhält man die flachen Stiche. Auf der Rückseite haben sich Schlaufen gebildet.

   In jedem Fall haben Sie bei Ihrer fertigen Stickarbeit eine Vorderseite und eine Rückseite. Auf der einen Seite befinden sich die flachen Stiche und auf der anderen Seite die Schlaufen. Sie können sich während der Ausführung überlegen, welche der beiden Seiten aus Ihrer Sicht die schönere ist.

6. Die folgende Technik zeigt, wie man auf derselben Oberfläche flache Stiche und Schlaufen erhält, was eine reliefartige Struktur in die Stickarbeiten bringt:

   Drehen Sie Ihre Arbeit um und übertragen Sie das noch nicht gestickte Motiv auf die Rückseite.

7. „Punchen" Sie mit flachen Stichen rings um den Bereich herum (siehe Schritt 2) und fahren Sie dann spiralförmig fort, um die Form auszufüllen.

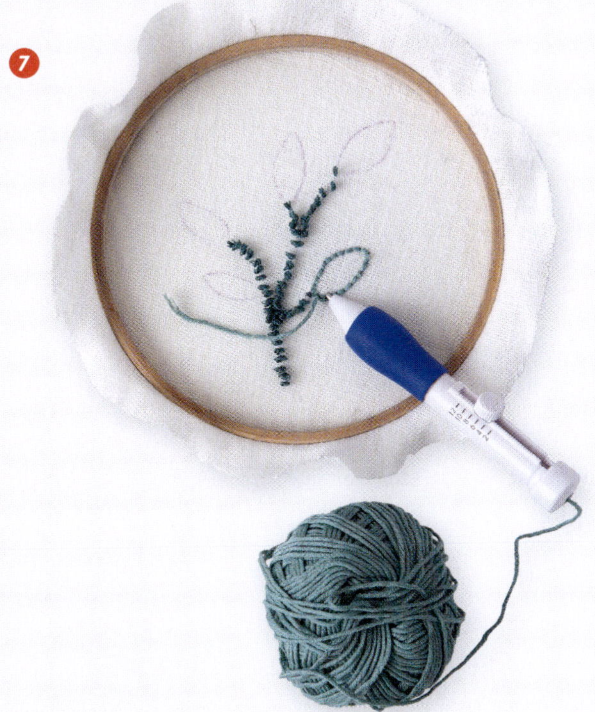

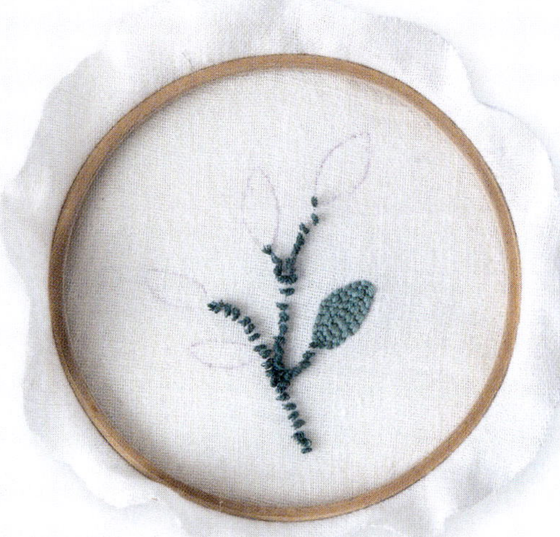

8. Die Fäden abschneiden.

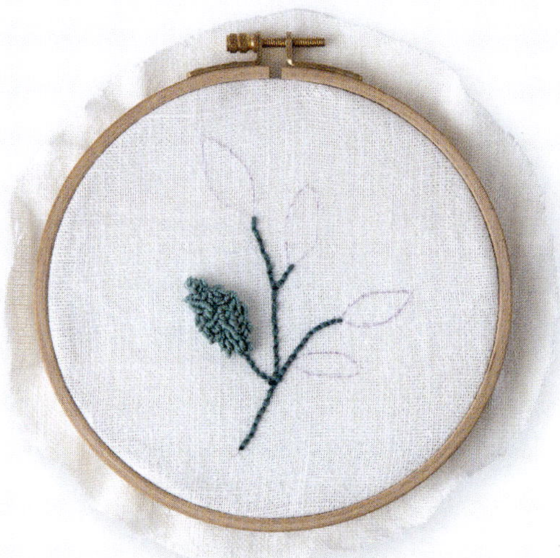

9. Die Stickarbeit umdrehen. Auf der Vorderseite ist nun der reliefartige Materialeffekt zu sehen.

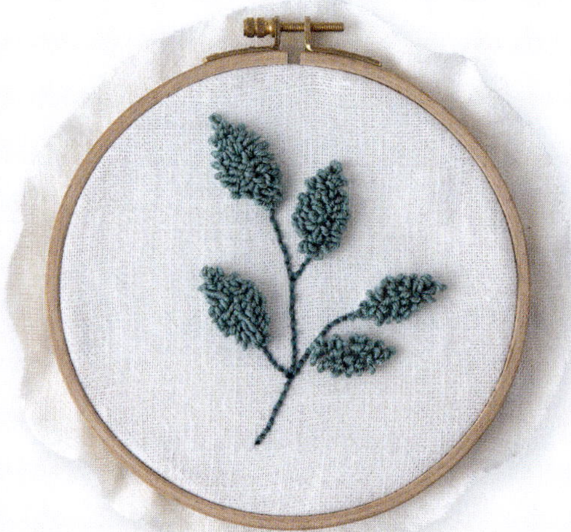

10. Beim „Punchen" sind die Schlaufen nicht immer gleichmäßig und einige sind herausgezogen. Schneiden Sie alles Überstehende bündig.

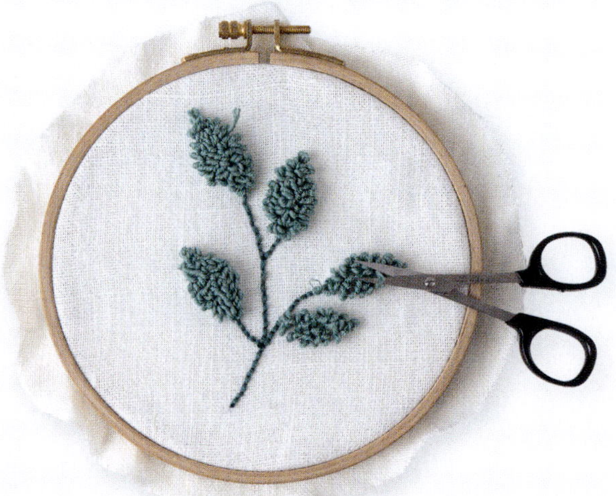

11. Nun ist das erste Motiv fertig, jetzt sind Sie an der Reihe!

Montage des Spannrahmens

Bei bestimmten Kreationen haben Sie möglicherweise für die Ausführung der Stickarbeiten keinen so großen Stickring zur Verfügung (betrifft Kissen oder Teppich).

Halten Sie einen Rahmen, Ihren Stoff, einen Hammer und kleine Nägel bereit.

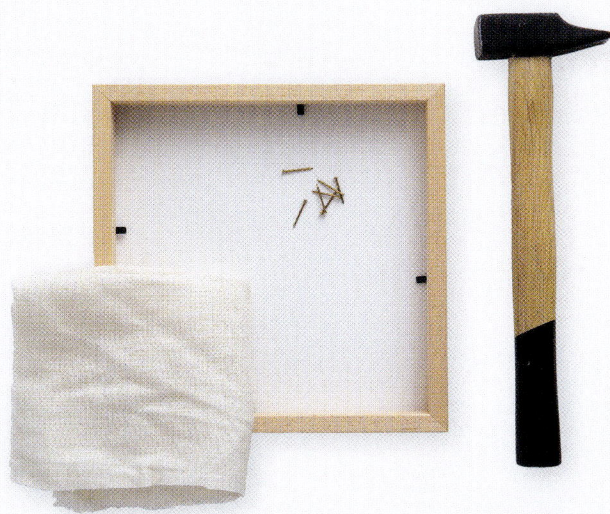

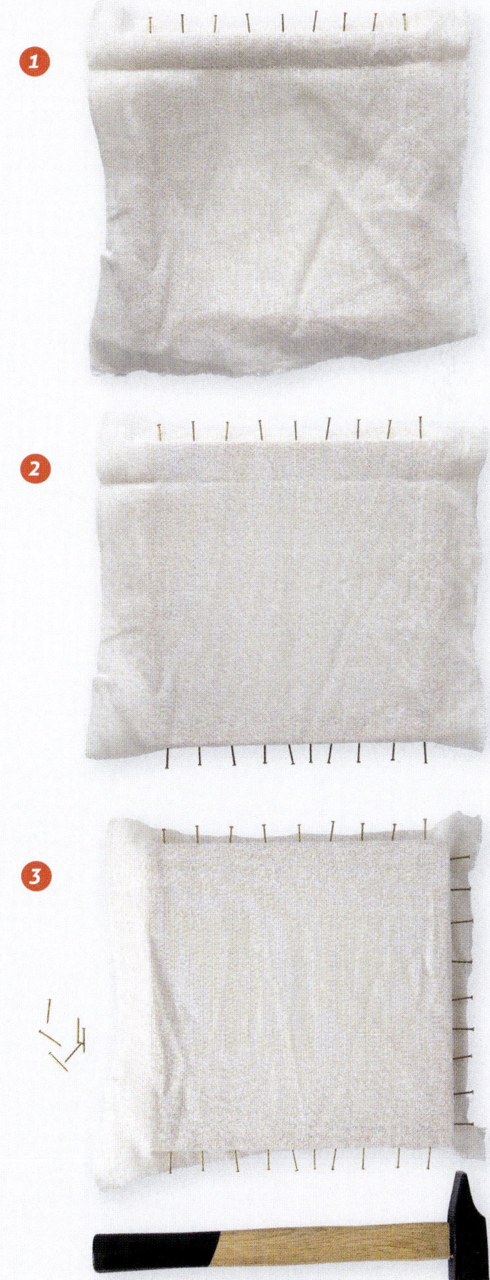

1. Von einer Seite des Rahmens beginnen und darauf achten, dass die Nägel gleichmäßige Abstände haben.
2. Auf der gegenüberliegenden Seite fortsetzen und darauf achten, dass der Stoff gespannt ist.
3. Auf der rechten und dann auf der linken Seite fortführen.

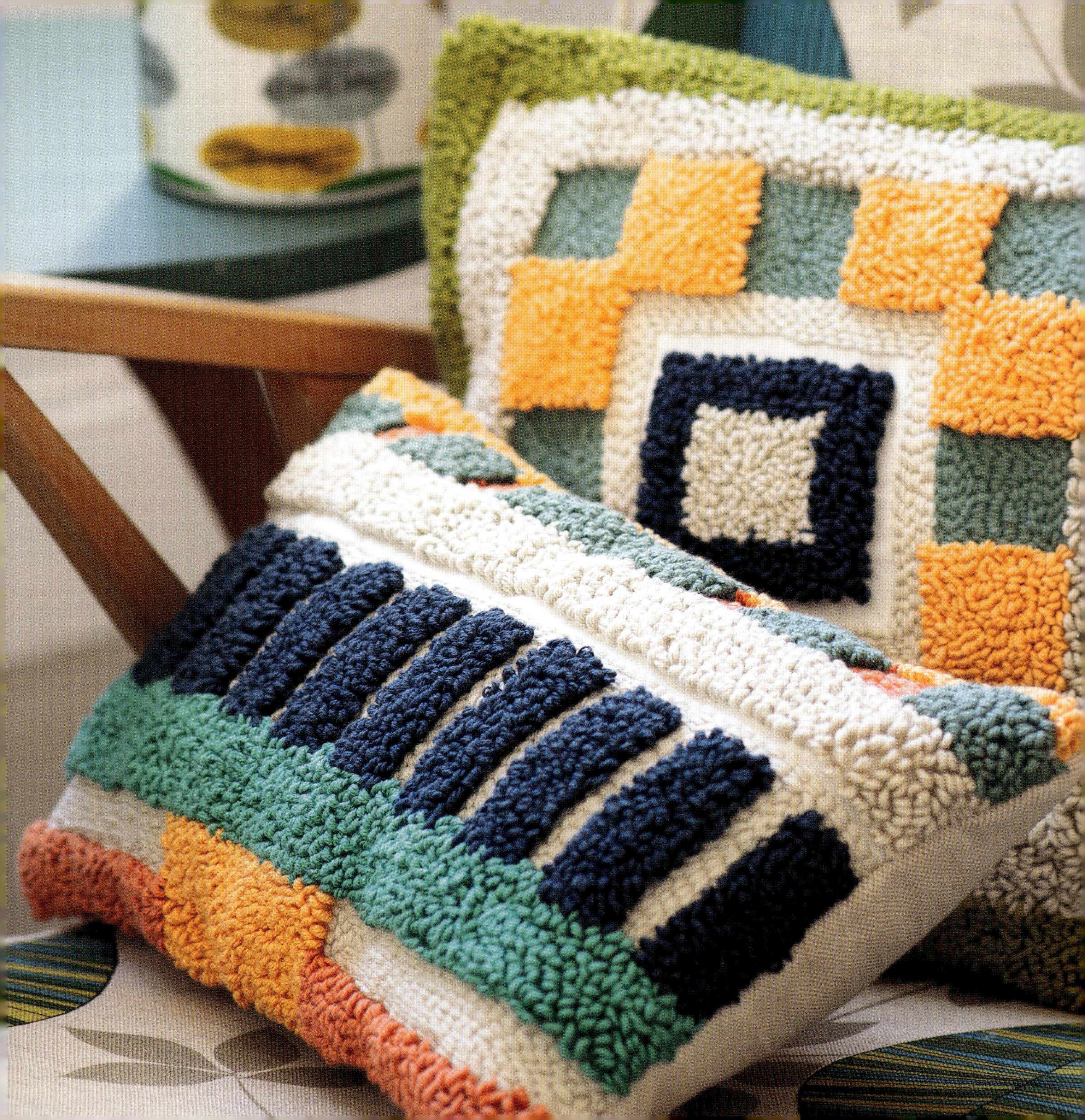

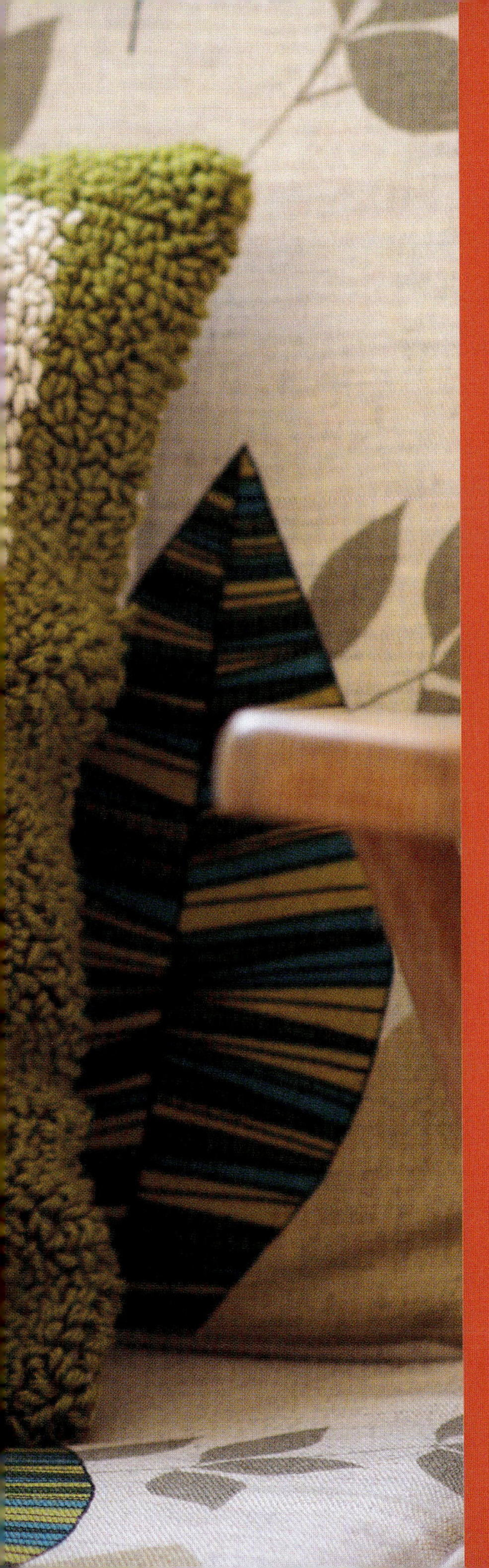

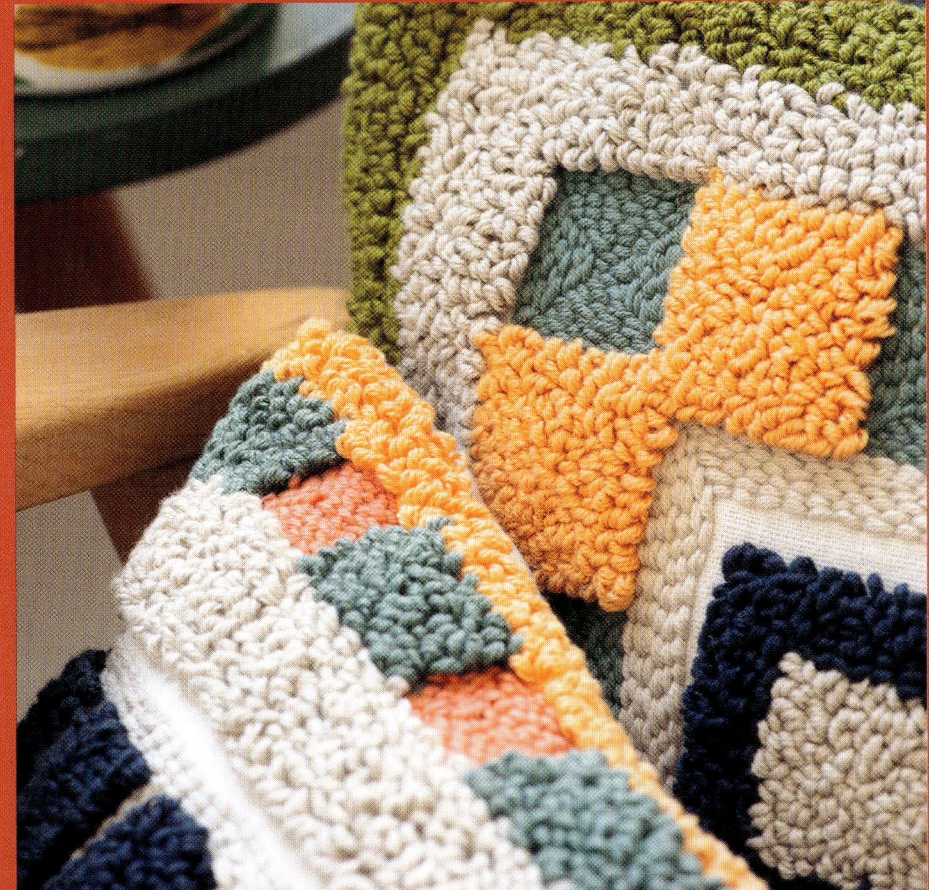

GEOMETRISCHE KISSEN

RECHTECKIGES KISSEN

Größe: 22 x 41 cm

Material

- Baumwollgarn DMC Natura Medium: 12 (stein), 177 (dunkelblau), 77 (himmelblau) , 109 (dunkelgelb), 18 (lachs), 87 (seegrün)
- Punch Needle 1/4, regulär
- Stoff
- Stickring, 60 cm oder Holzrahmen
- Füllwatte
- Nähmaschine
- Nadel
- weißes Nähgarn
- Schere

Ausführung

1. Das Motiv auf die Vorder- und Rückseite des Stoffes (siehe Schritt-für-Schritt-Anleitung S. 11) übertragen.
2. Den Stoff in den Stickring oder auf den Holzrahmen spannen.
3. Sticken Sie entsprechend dem Motiv abwechselnd flache Stiche und Schlaufen (siehe Schritt-für-Schritt-Anleitung S. 12).
4. Schneiden Sie ein weiteres Rechteck in Größe der Stickarbeit und unter Berücksichtigung einer Nahtzugabe zu. Nähen Sie mit der Nähmaschine ringsherum, Vorderseite auf Vorderseite. An den Ecken Zacken ausschneiden. Zum Wenden des Stoffes einen Abschnitt offen lassen.
5. Das Kissen mit Füllwatte befüllen und danach die Öffnung des Kissens mittels Blindstich per Hand verschließen.

18
109
18
12
12
87
12
177
12
12
18
77
18
109

Vorlage
Auf 300 % vergrößern

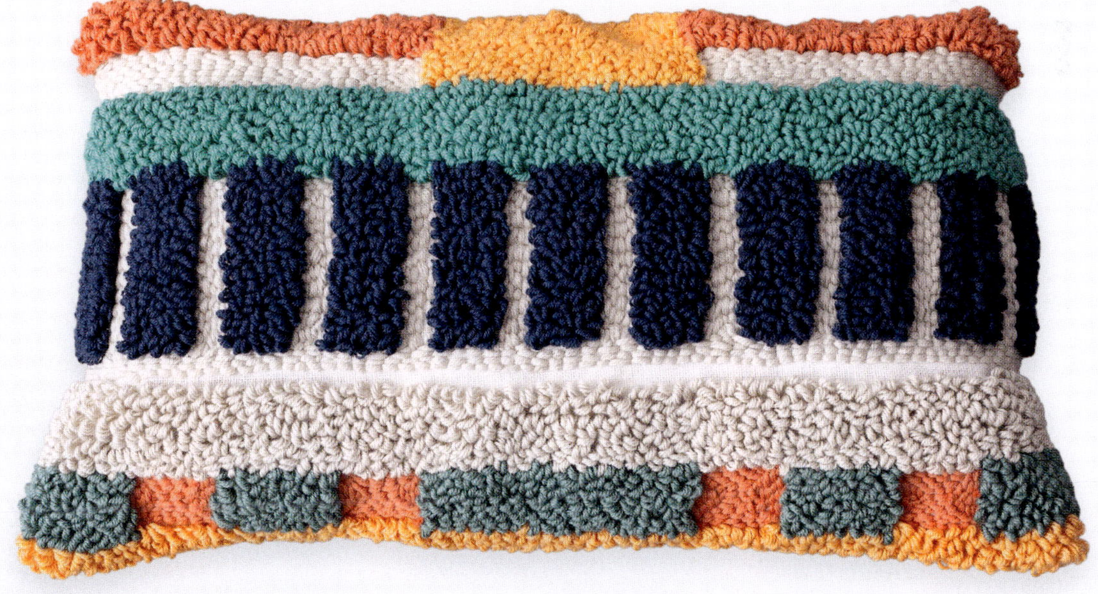

QUADRATISCHES KISSEN

Größe: 32 x 32 cm

Material

- Baumwollgarn DMC Natura Medium: 12 (stein), 08 (grün), 109 (orange), 177 (dunkelblau), 77 (himmelblau)
- Punch Needle 1/4, regulär
- Stoff
- Stickring, 60 cm oder Holzrahmen
- Füllwatte
- Nähmaschine
- Nadel
- weißes Nähgarn
- Schere

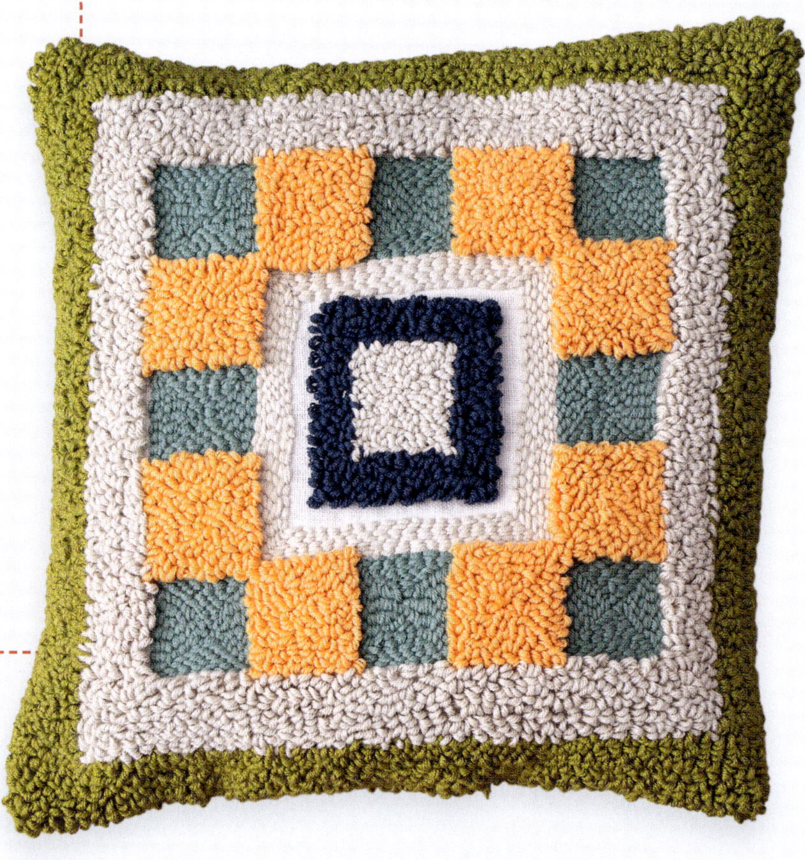

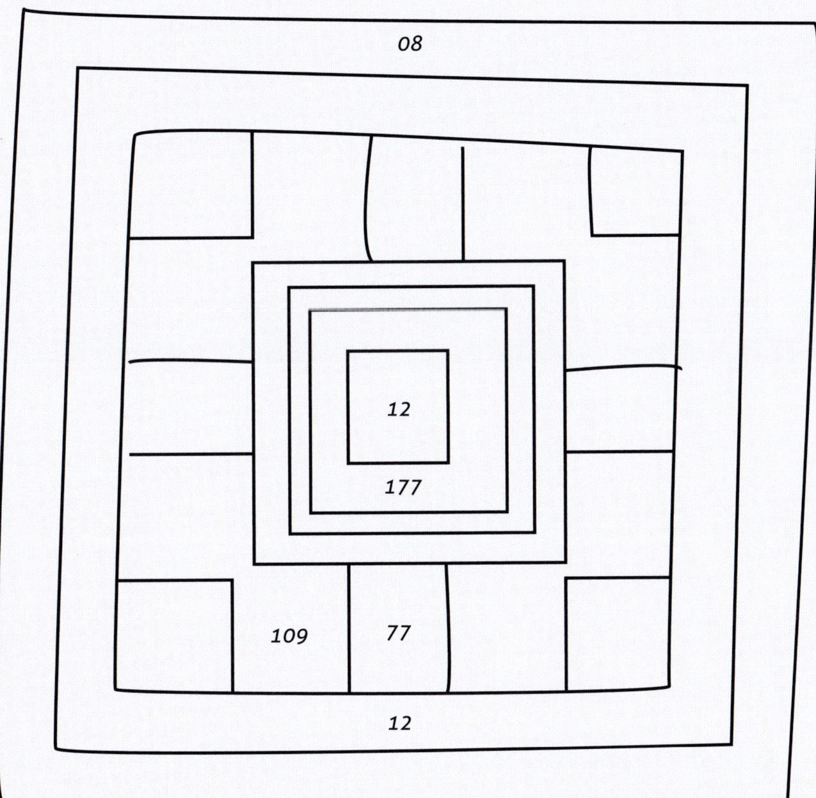

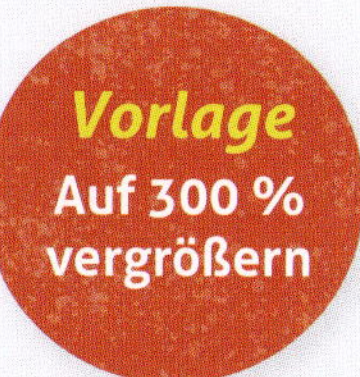

Ausführung

1. Das Motiv auf die Vorder- und Rückseite des Stoffes (siehe Schritt-für-Schritt-Anleitung S. 11) übertragen.
2. Den Stoff in den Stickring oder auf den Holzrahmen spannen.
3. Sticken Sie entsprechend dem Motiv flache Stiche und Schlaufen (siehe Schritt-für-Schritt-Anleitung S. 12).
4. Schneiden Sie ein weiteres Quadrat in Größe der Stickarbeit und unter Berücksichtigung einer Nahtzugabe zu. Nähen Sie mit der Nähmaschine ringsherum, Vorderseite auf Vorderseite. Schneiden Sie an den Ecken Zacken aus.
5. Lassen Sie zum Wenden des Stoffes einen Abschnitt offen.
6. Das Kissen mit Füllwatte befüllen und danach die Öffnung des Kissens mittels Blindstich per Hand verschließen.

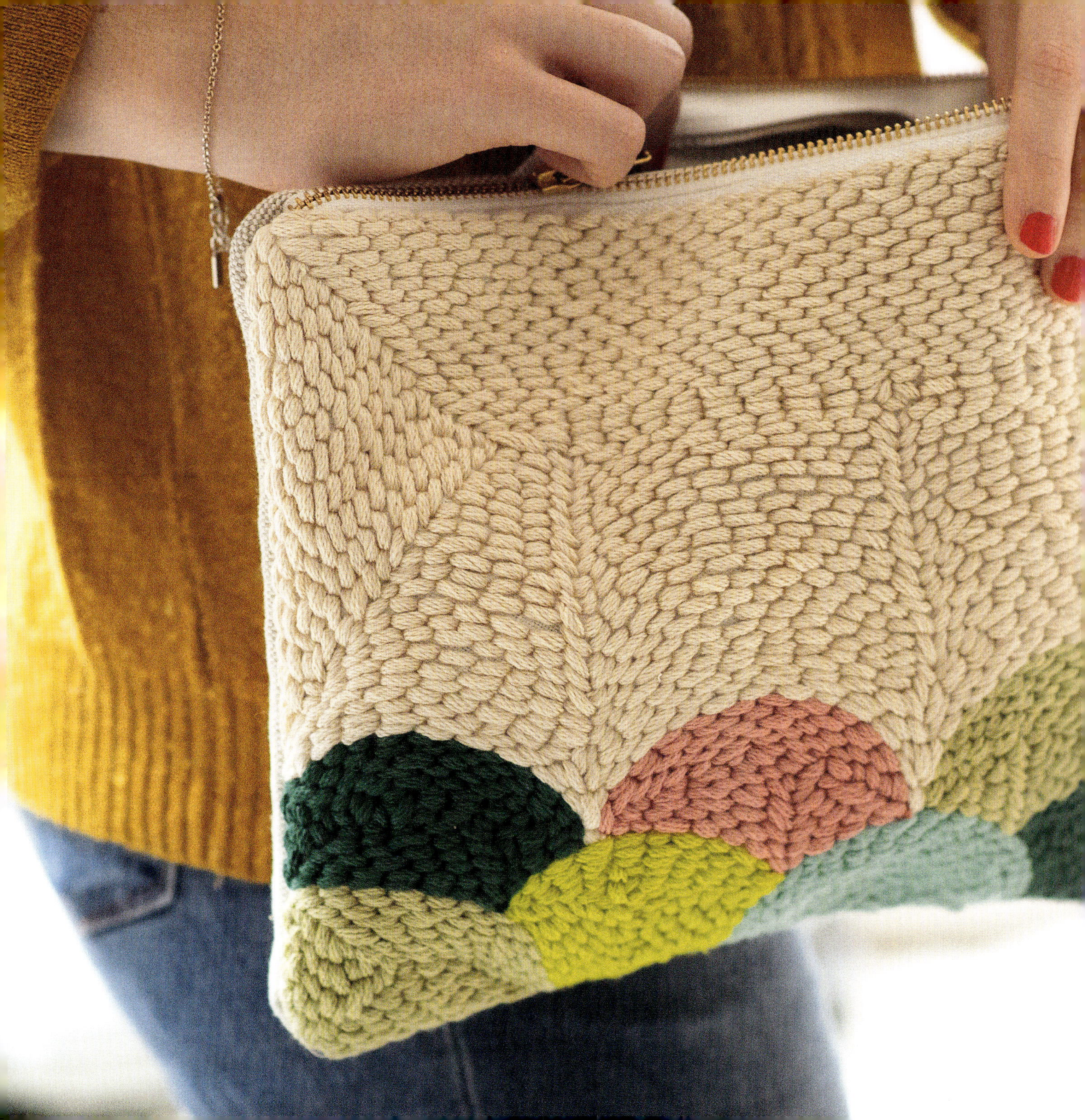

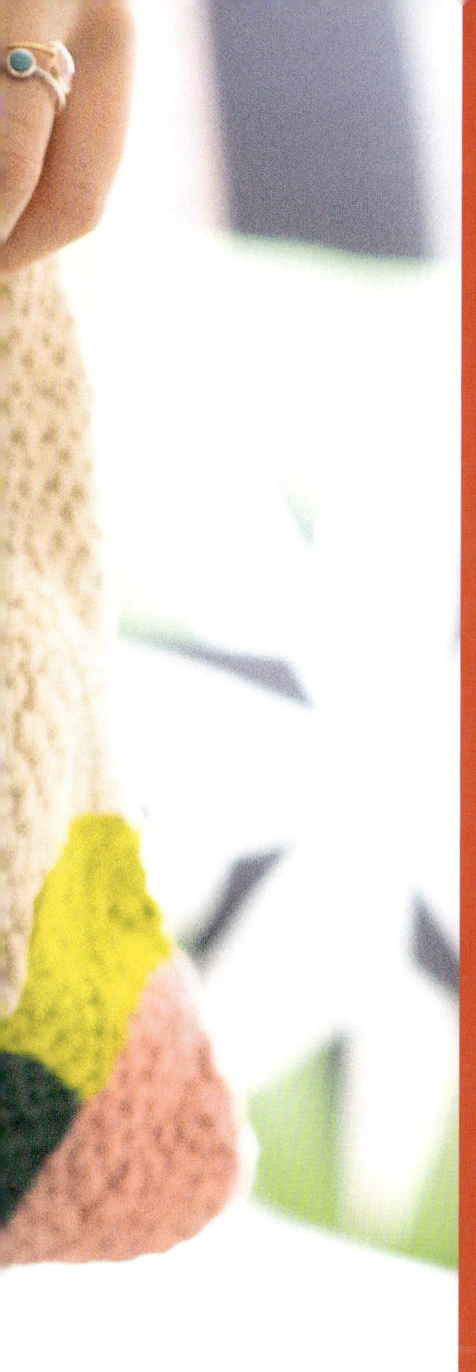

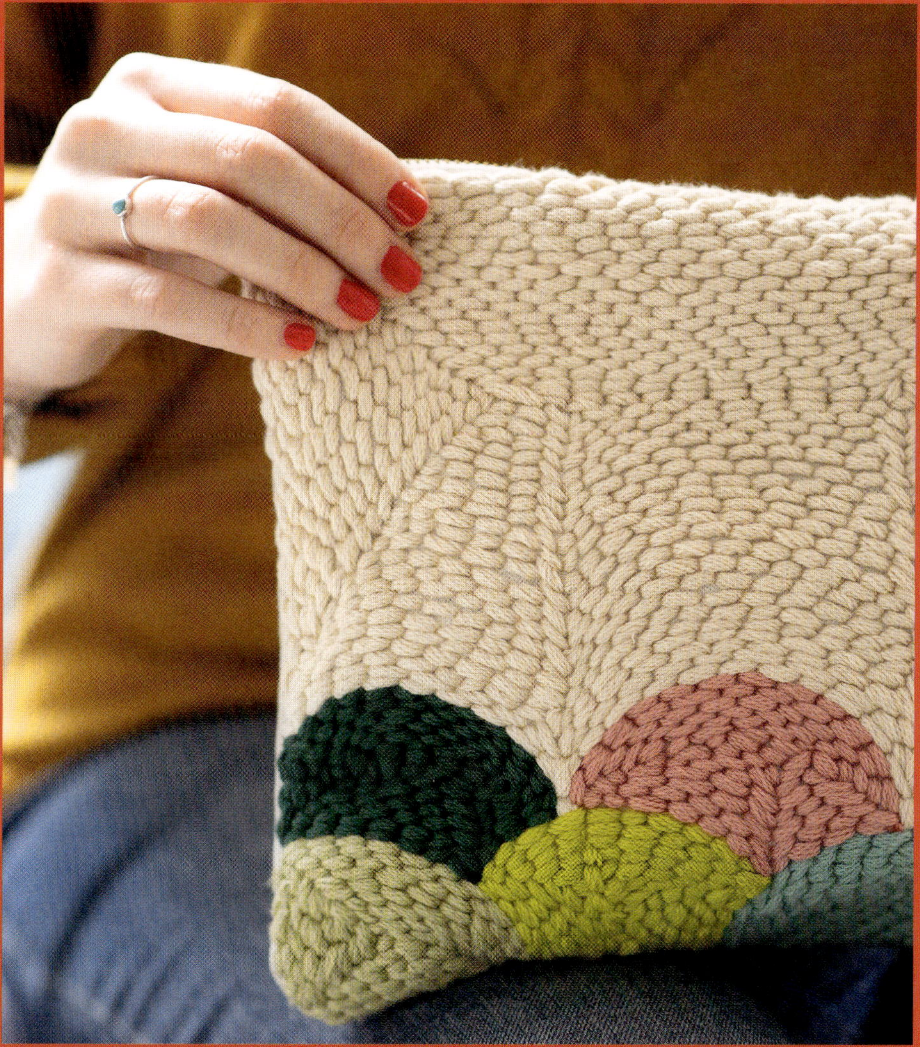

TÄSCHCHEN MIT WELLENMUSTER

TÄSCHCHEN MIT WELLENMUSTER

Größe: 22 x 41 cm

Material

- Baumwollgarn DMC Natura XL: 03 (creme), 08 (dunkelgrün), 42(koralle), 73 (hellblau), 82 (lindengrün) , 85 (elfenbein)
- Punch Needle, Größe 10
- Stoff
- Futter und Fantasiestoff für die Rückseite der Tasche
- Stickring, 60 cm oder Holzrahmen
- Füllwatte
- goldfarbener Metallreißverschluss, 32 cm
- Nähmaschine
- Stecknadeln
- Nadel
- weißes Nähgarn
- Schere

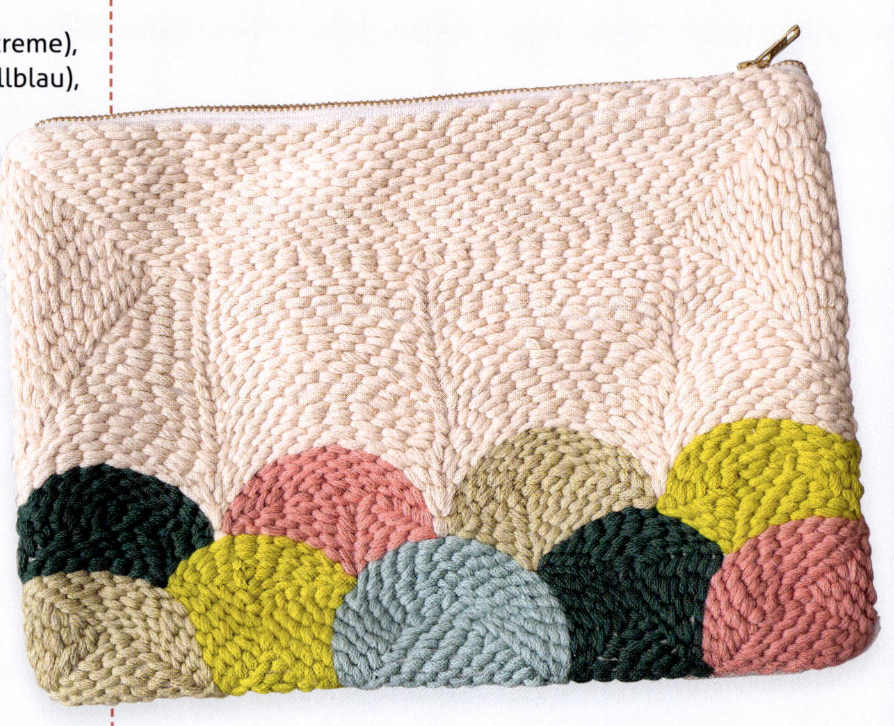

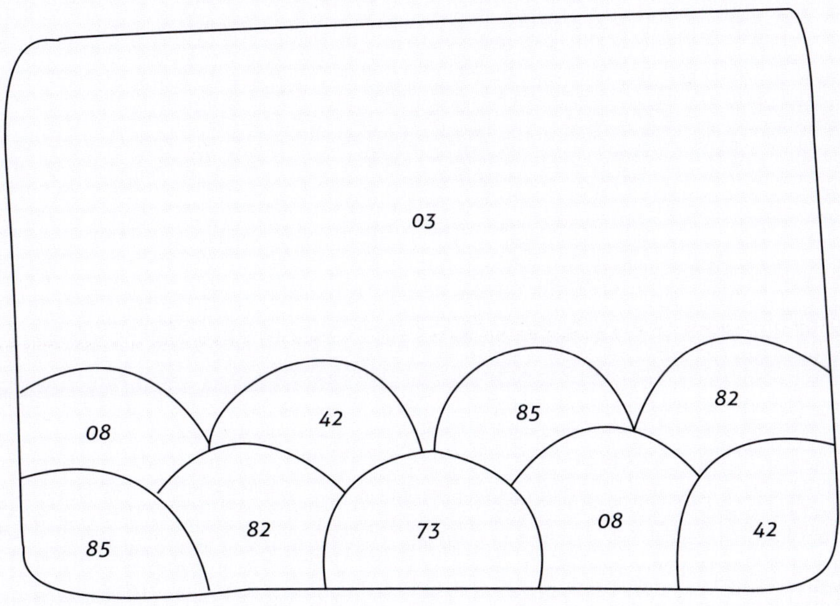

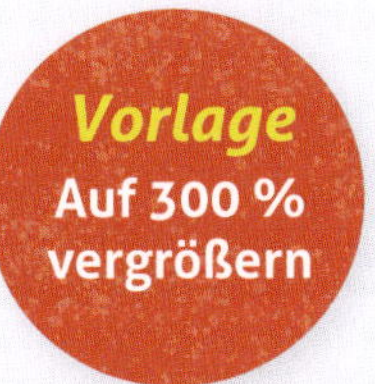

Ausführung

1. Das Motiv auf den Stoff (siehe Schritt-für-Schritt-Anleitung S. 11) übertragen.
2. Den Stoff in den Stickring oder auf den Holzrahmen spannen.
3. Sticken Sie entsprechend dem Motiv gleichmäßig flache Stiche (siehe Schritt-für-Schritt-Anleitung S. 12).
4. Legen Sie den bestickten Stoff vor sich und setzen Sie den Reißverschluss rechts auf rechts an. Darüber dann das Futter rechts auf rechts auf den Reißverschluss legen und alles feststecken. Nähen Sie die erste Seite des Reißverschlusses an und verwenden Sie dafür den Spezialnähfuß für Reißverschlüsse Ihrer Nähmaschine. Die Nähte wenden und bügeln.
5. Legen Sie den Fantasiestoff auf den Rand der zweiten Seite des Reißverschlusses, immer rechts auf rechts. Wenden und wiederholen Sie dies mit dem Futter (rechts auf rechts). Heften Sie die zweite Seite des Reißverschlusses fest und nähen Sie diese an. Die Naht anschließend bügeln. Die beiden Rechtecke (den bestickten und den Fantasiestoff) und die beiden Rechtecke des Futters rechts auf rechts zusammenheften. Achten Sie darauf, den Reißverschluss zur Hälfte zu öffnen, damit sich der Reißverschluss im Tascheninneren befindet.
6. Die Ränder der Tasche vernähen und im unteren Teil des Futters einen Abschnitt zum Wenden Ihrer Stickarbeit offen lassen. Die Tasche wenden und bügeln. Die Öffnung des Futters im Tascheninneren mittels Blindstich schließen.

UNTERSETZER

Größe: ø 10 cm

Material

- Baumwollgarn DMC Natura Medium:
- N89 (hellgrün), N31 (beere), N62 (malve), N111 (orange)
- Stoff
- Stickring, 15 cm
- Punch Needle, fein
- Nähnadel
- weißes Nähgarn
- Schere
- Textilkleber
- dünnes steifes Molton

Vorlage
Tatsächliche Größe

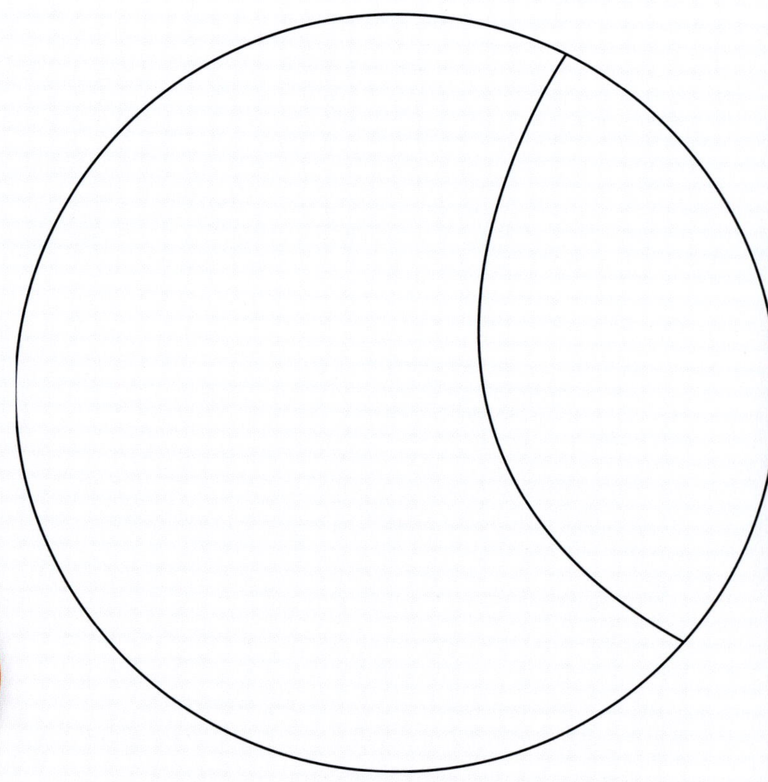

Tipp
Kreieren Sie Ihr eigenes Motiv für den Untersetzer.

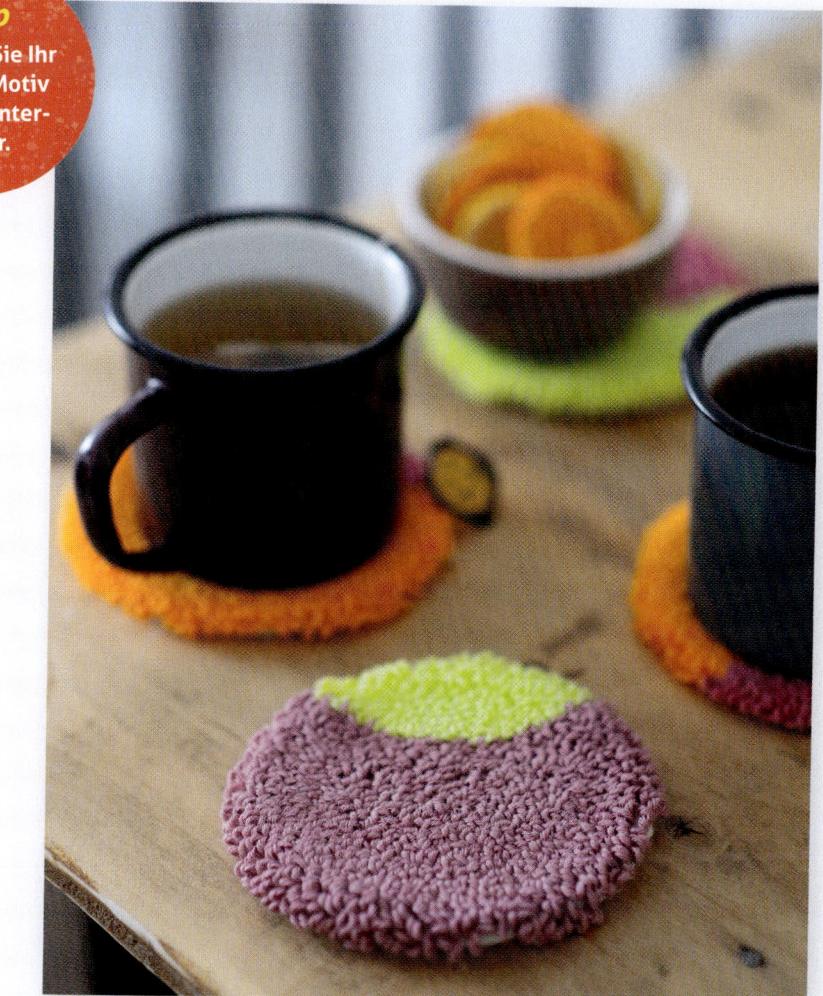

Ausführung

1. Die Motive der Untersetzer (siehe Schritt-für-Schritt-Anleitung S. 11) auf 4 Stück Stoff von 20 x 20 cm übertragen.
2. Das erste Stoffstück in den Stickring spannen.
3. Sticken Sie gleichmäßige Schlaufen (siehe Schritt-für-Schritt-Anleitung S. 12).
4. Alle Kreise ausschneiden und einen Stoffrand von 2 cm belassen.
5. Raffen Sie den Stoff mittels Nadel und Nähfaden, um ihn auf der Rückseite umzulegen und formen Sie ein schönes rundes Deckchen. Kleben Sie eine steife runde Moltonunterlage (mit demselben Durchmesser wie der bestickte Kreis) mit Textilkleber auf die Rückseite.

LAMPENSCHIRM

Größe: Höhe 12 cm, ø unten 15 cm, ø oben 12 cm

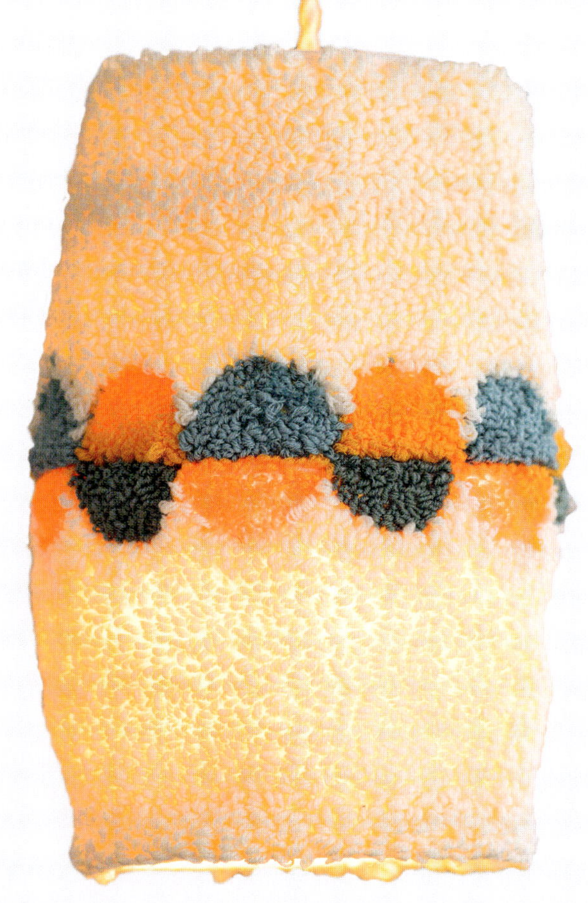

Material

- Baumwollgarn DMC Natura Medium: 03 (creme), 77 (himmelblau), 87 (dunkelgrün), 109 (orange)
- Stoff
- Punch Needle 1/4, mittel
- Stickring oder Rahmen
- Schere
- Klebeband
- Papierbögen
- 2 Lampenschirme. Höhe: 12 cm, unterer Durchmesser: 15 cm, oberer Durchmesser: 12 cm
- genormter Ring E14
- Draht
- Bausatz zur Elektroinstallation
- weißes Nähgarn
- Nadel

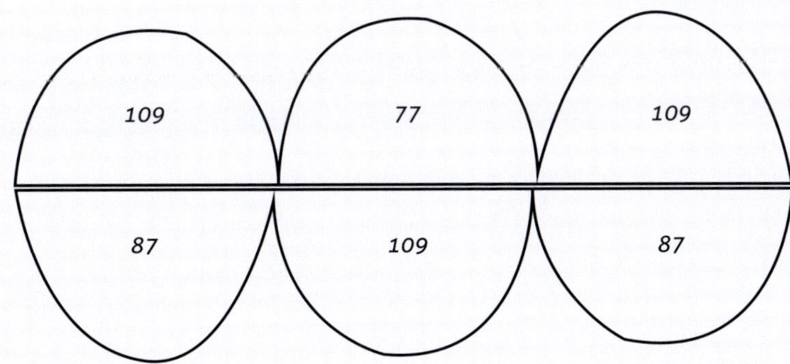

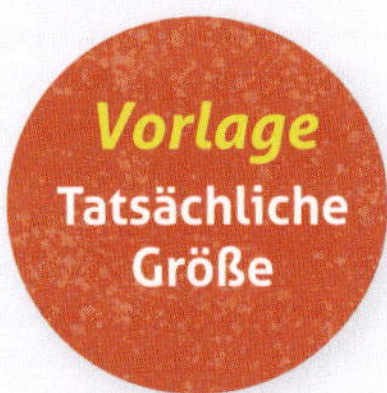

Ausführung

1. Befestigen Sie mehrere Papierbögen um einen Lampenschirm herum mit Klebeband, um Ihre Vorlage zu definieren. Diese Technik funktioniert bei allen Arten von Lampenschirmen.
2. Übertragen Sie die Vorlage 2fach auf Ihren Stoff. Übertragen Sie das Wellen-Motiv.
3. Sticken Sie entsprechend dem Motiv gleichmäßige Schlaufen.
4. Diese Vorgehensweise für den zweiten Lampenschirm wiederholen.
5. Die beiden Lampenschirmgestelle mit Hilfe eines Drahtes zusammenfügen und dabei auch das elektrische Kabel montieren.
6. Die beiden bestickten Stoffstücke in der Mitte zusammennähen und dann die Form auf dem Lampenschirm durch Vernähen schließen.

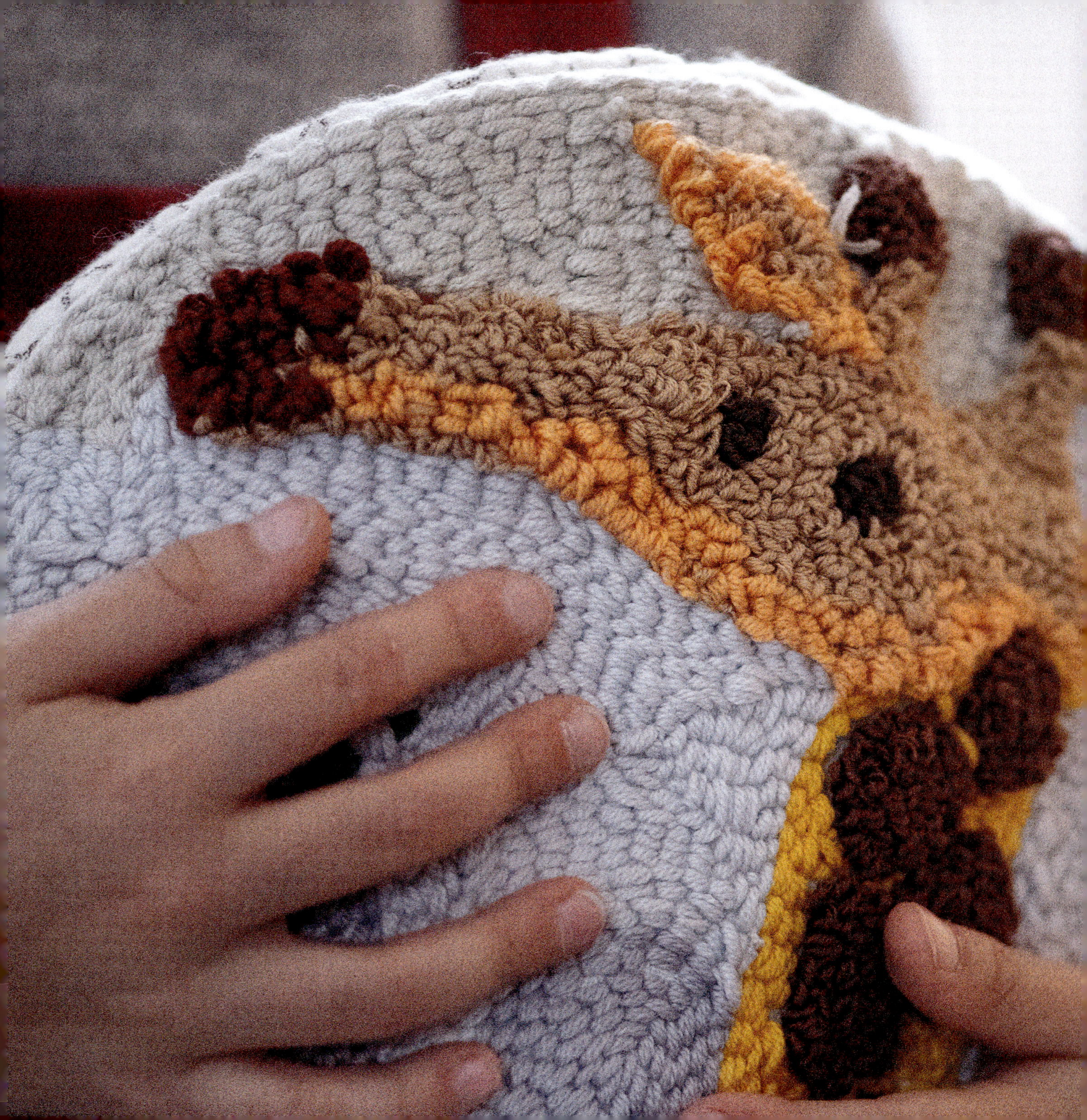

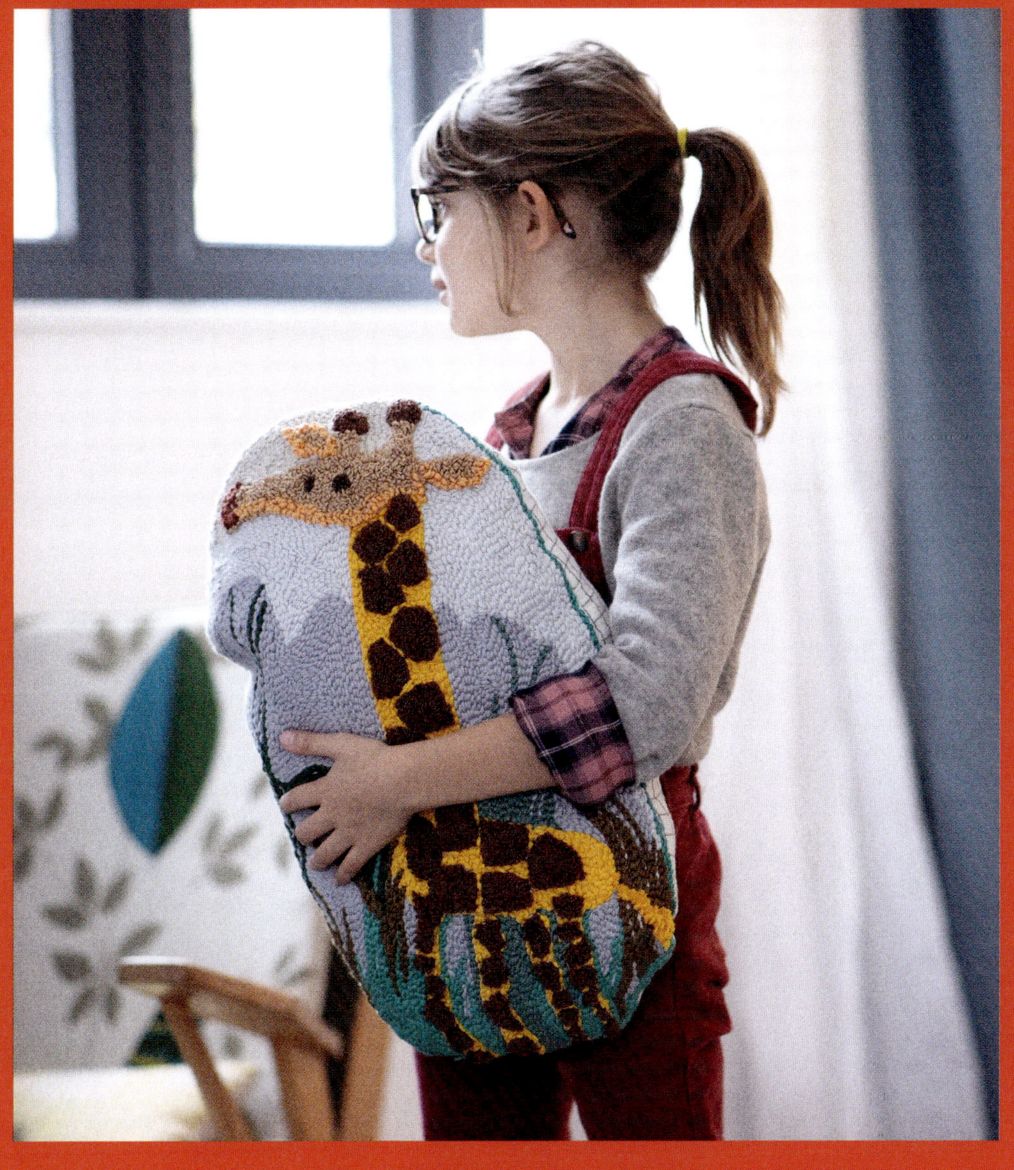

GIRAFFENKISSEN

GIRAFFENKISSEN

Größe: Höhe 50 cm

Material

- Baumwollgarn DMC Natura Medium: 07 (pastellblau), 12 (stein), 99 (gelb), 41 (braun), 109 (orange), 11 (nougat-braun), 05 (hellbraun), 87 (dunkelgrün), 89 (khaki), 138 (jade)
- Baumwollgarn DMC Natura Just Cotton: N14 (lichtgrün), N37 (beige)
- Punch Needle 1/4, regulär
- Punch Needle, fein
- Stoff
- Futter
- Stickring, 60 cm oder Holzrahmen
- Füllwatte
- Nähmaschine
- Nadel
- weißes Nähgarn
- Schere

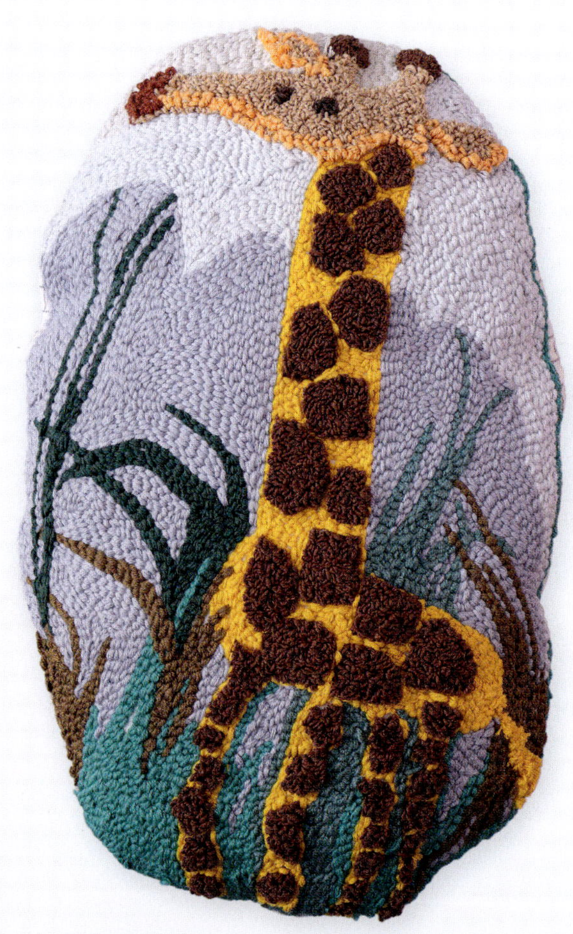

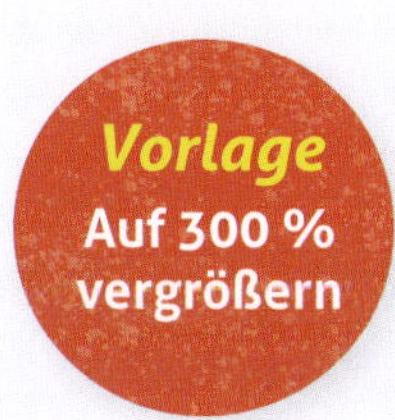

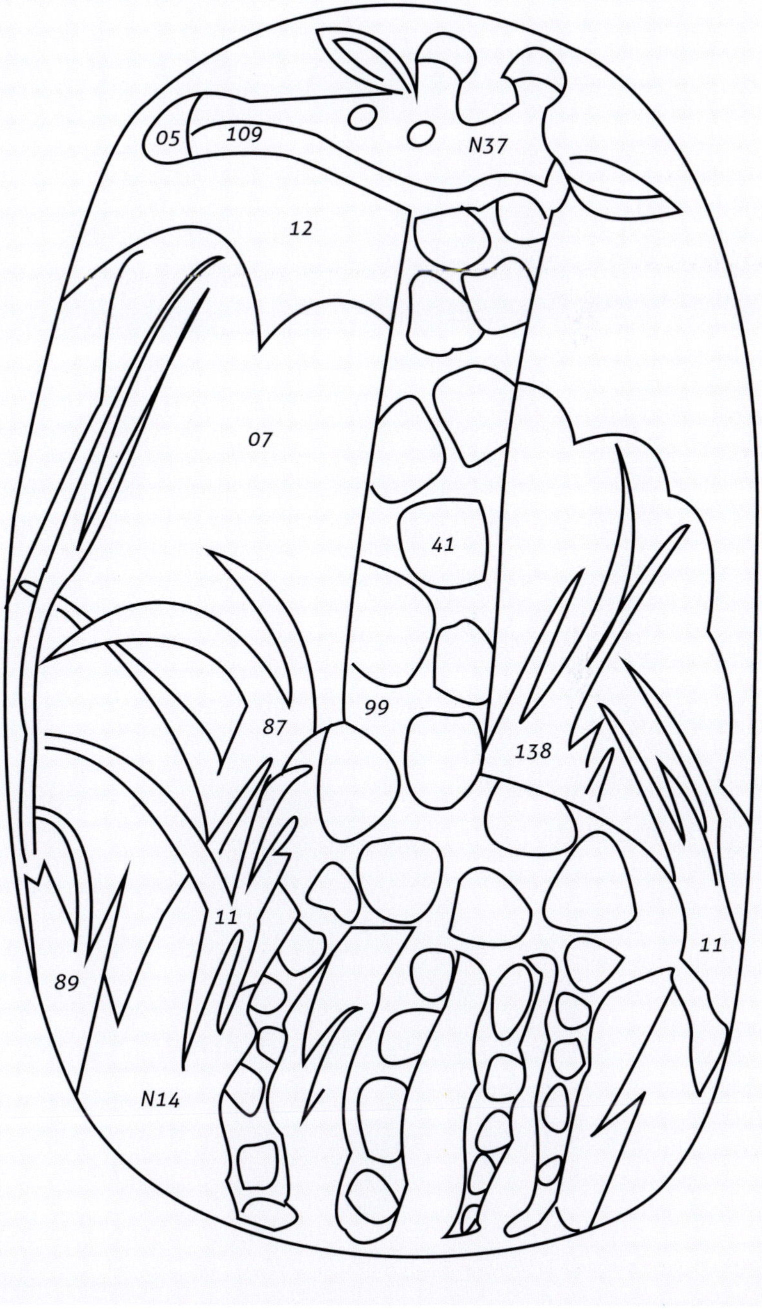

Ausführung

1. Das Motiv auf die Vorder- und Rückseite des Stoffes (siehe Schritt-für-Schritt-Anleitung S. 11) übertragen.
2. Den Stoff in den Stickring oder auf den Rahmen spannen.
3. Sticken Sie entsprechend dem Motiv abwechselnd flache Stiche und Schlaufen (siehe Schritt-für-Schritt-Anleitung S. 12).
4. Schneiden Sie ein weiteres Stück Stoff in Größe der Stickarbeit und unter Berücksichtigung einer Nahtzugabe zu. Nähen Sie mit der Nähmaschine ringsherum, Vorderseite auf Vorderseite. Schneiden Sie auf dem Umfang Zacken aus. Lassen Sie zum Wenden des Stoffes einen Abschnitt offen.
5. Das Kissen mit Füllwatte befüllen und danach die Öffnung des Kissens mittels Blindstich per Hand verschließen.

OHRRINGE • BLAUE STREIFEN

Größe: ø 3 cm

Material

- Baumwollgarn DMC Natura: N35 (creme), N106 (hellblau)
- Stoff
- Stickrahmen, 15 cm
- Punch Needle, fein
- 2 x Sockel mit rundem Metallplättchen, 10 mm
- Textilkleber
- Kraftkleber
- dünnes steifes Molton

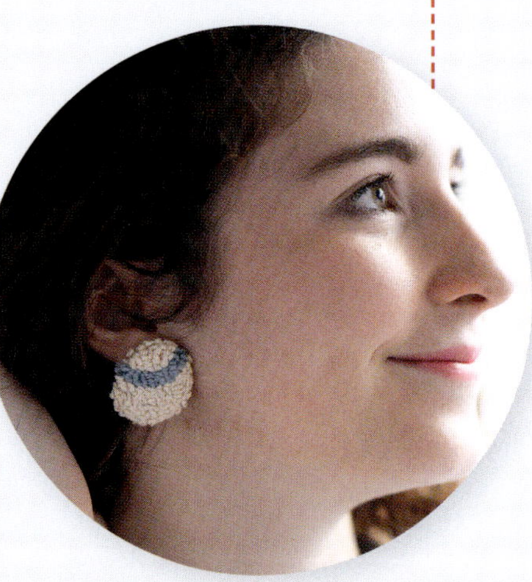

Ausführung

1. Das Motiv der Ohrringe zweifach in ca. 3 cm Abstand voneinander auf den Stoff übertragen. Den Stoff in den Stickring spannen.
2. Sticken Sie gleichmäßige Schlaufen (siehe Schritt-für-Schritt-Anleitung S. 12).
3. Schneiden Sie alle Ohrringe aus und lassen Sie einen Stoffrand von einem Zentimeter. Raffen Sie den Stoff mittels Nadel und Nähfaden, um ihn auf der Rückseite umzulegen und formen Sie ein schönes rundes Scheibchen. Kleben Sie eine kleine steife Moltonscheibe mit Textilkleber auf die Rückseite. Kleben Sie die Ohrringe anschließend mit Kraftkleber auf die Sockel.

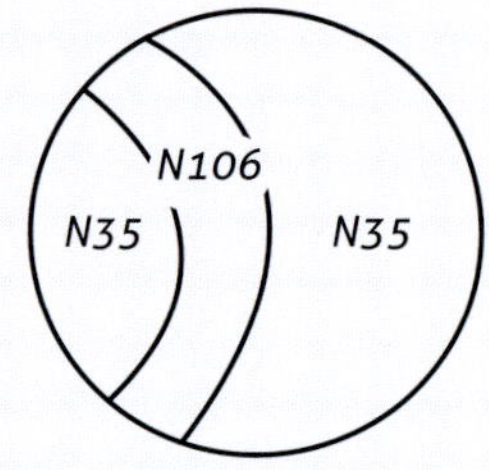

OHRRINGE • BLÜTEN

Größe: ø 3 cm

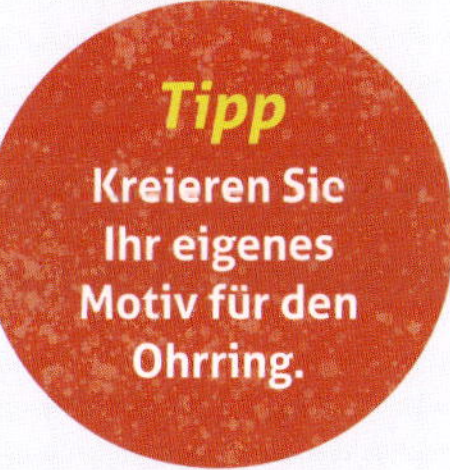

Material

- Baumwollgarn DMC Natura: N111 (orange)
- Garn DMC Mouliné Spécial: 991 (dunkelgrün), 725 (gelb)
- Stoff
- Stickrahmen, 15 cm
- Punch Needle, fein
- 2 x Sockel mit rundem Metallplättchen, 10 mm
- Textilkleber
- Kraftkleber
- dünnes steifes Molton

Ausführung

1. Das Motiv der Ohrringe zweifach in ca. 3 cm Abstand voneinander auf den Stoff übertragen. Den Stoff in den Stickring spannen.
2. Sticken Sie gleichmäßige Schlaufen (siehe Schritt-für-Schritt-Anleitung S. 12).
3. Schneiden Sie alle Ohrringe aus und lassen Sie einen Stoffrand von einem Zentimeter. Raffen Sie den Stoff mittels Nadel und Nähfaden, um ihn auf der Rückseite umzulegen und formen Sie ein schönes rundes Scheibchen. Kleben Sie eine kleine steife Moltonscheibe mit Textilkleber auf die Rückseite. Kleben Sie die Ohrringe anschließend mit Kraftkleber auf die Sockel.

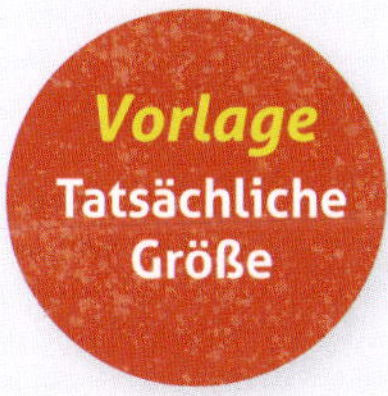

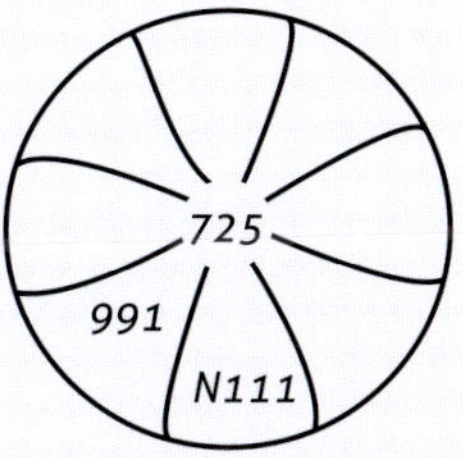

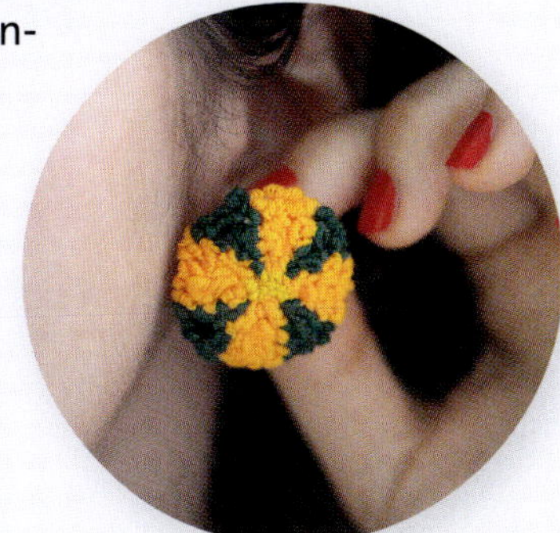

PFLANZENETIKETTEN

Größe: 4,5 x 10 cm

Material

- DMC-Garn:
  Für das Blatt: Baumwollgarn Natura: N85 (gelb), N25 (dunkeltürkis), N35 (creme); Mouliné Spécial: 319 (dunkelgrün)
  Für die blaue Blume: Baumwollgarn Natura: N35 (creme), N83 (zartgelb), N09 (grau); Mouliné Spécial: 597 (blau), 319 (dunkelgrün)
  Für den Stängel mit 5 Blättern: Garn Natura: N35 (creme), 319 (dunkelgrün); Mouliné Spécial: 3012 (khakigrün)
  Für die rote Blume: Baumwollgarn Natura: N85 (gelb), N35 (creme), N18 (rot), N41 (braun); Mouliné Spécial: 319 (dunkelgrün), 3012 (khakigrün)
- Stoff
- Stickrahmen, 15 cm
- Punch Needle, fein
- Nähnadel
- weißes Nähgarn
- Schere
- Textilkleber
- dünnes steifes Molton
- goldfarbene Öse

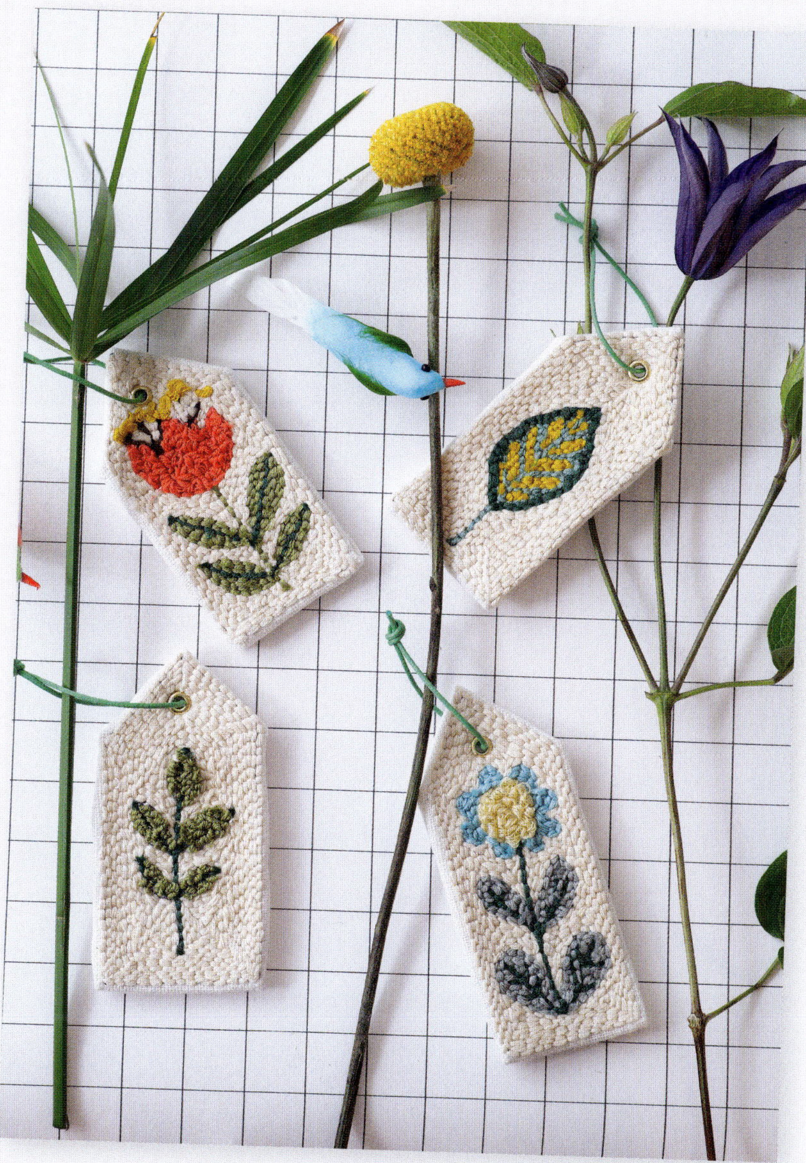

Ausführung

1. Die Motive der Etiketten auf die Vorder- und Rückseite von 4 Stück Stoff von 20 x 20 cm (siehe Schritt-für-Schritt-Anleitung S. 11) übertragen.
2. Das erste Stoffstück in den Stickring spannen.
3. Sticken Sie entsprechend dem Motiv abwechselnd Schlaufen und flache Stiche auf der Flächenvorderseite (siehe Schritt-für-Schritt-Anleitung S. 12).
4. Alle Etiketten zuschneiden und einen Stoffrand von 2 cm stehen lassen.
5. Den Stoff mittels Nadel und Nähfaden raffen, um ihn auf der Rückseite umzulegen und darüber bügeln.
6. Schneiden Sie für jede Etikettenform ihr Gegenstück in dünnem Hartschaumstoff zu und kleben Sie es dann auf die Rückseite des Etiketts.
7. Die Öse anbringen.

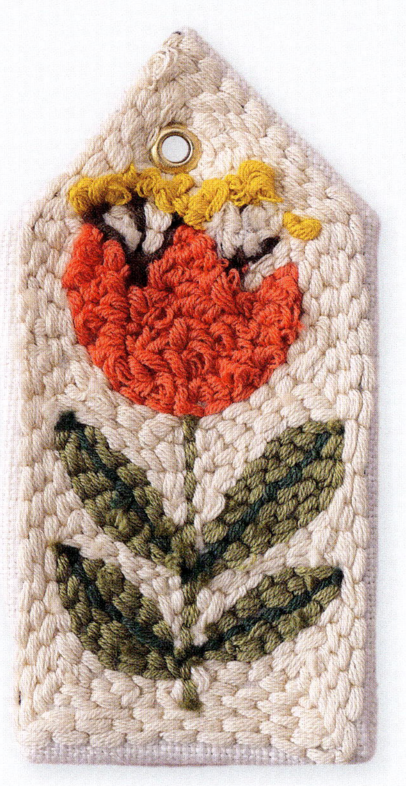

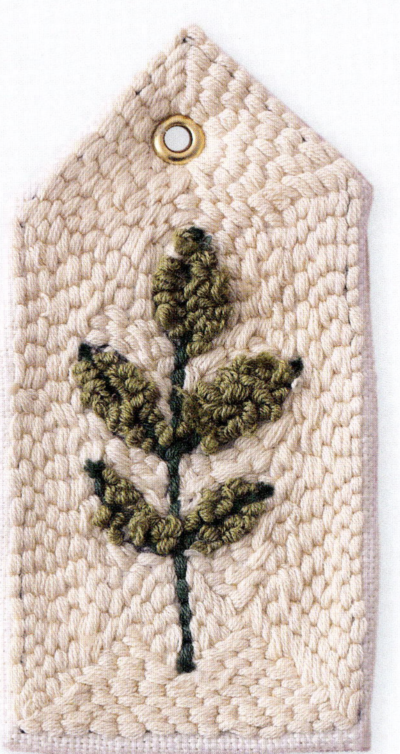

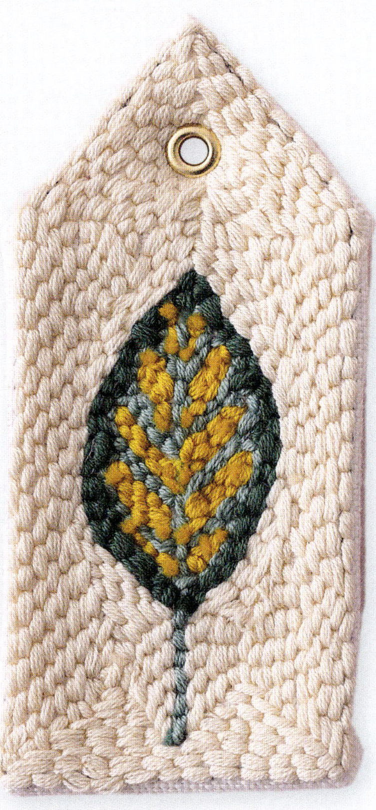

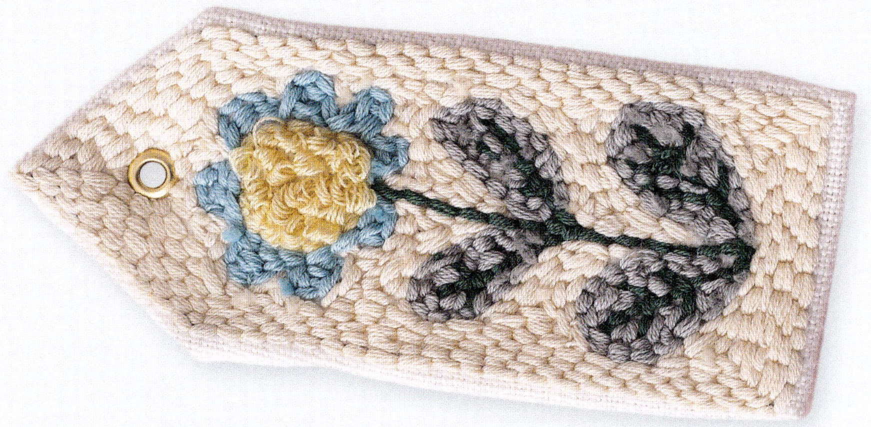

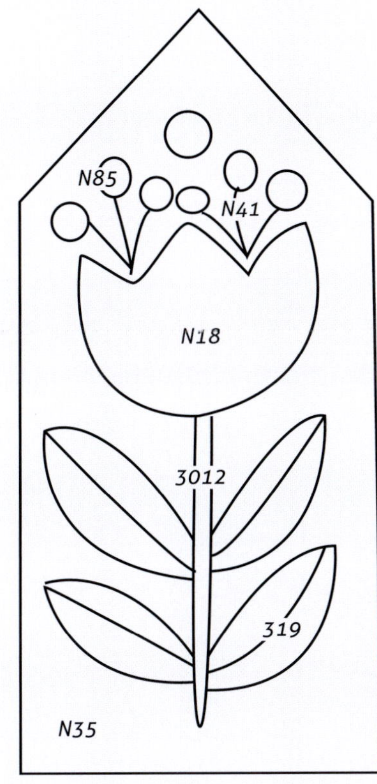
N85
N41
N18
3012
319
N35

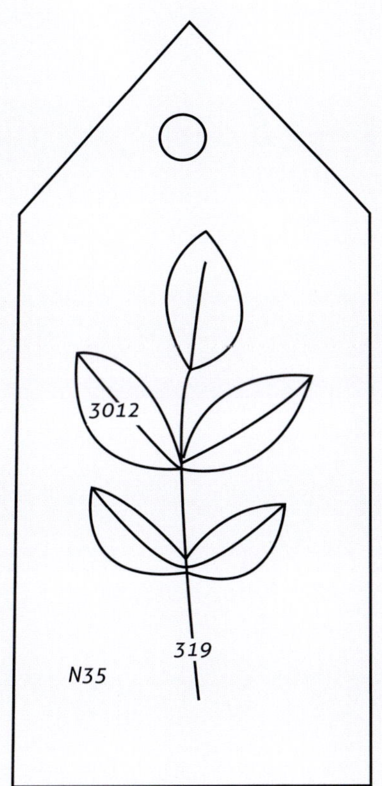
3012
319
N35

Vorlage
Tatsächliche Größe

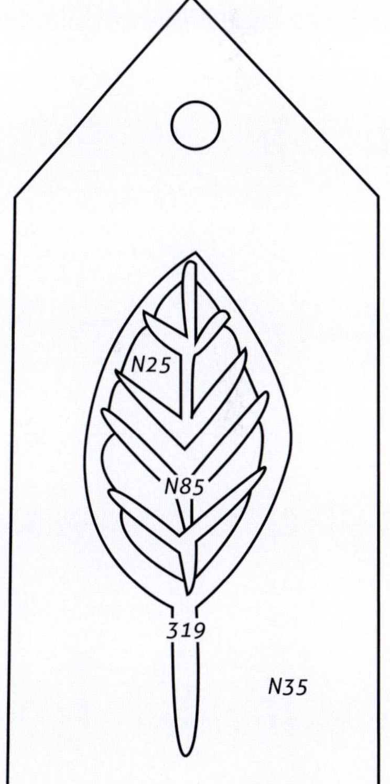
N25
N85
319
N35

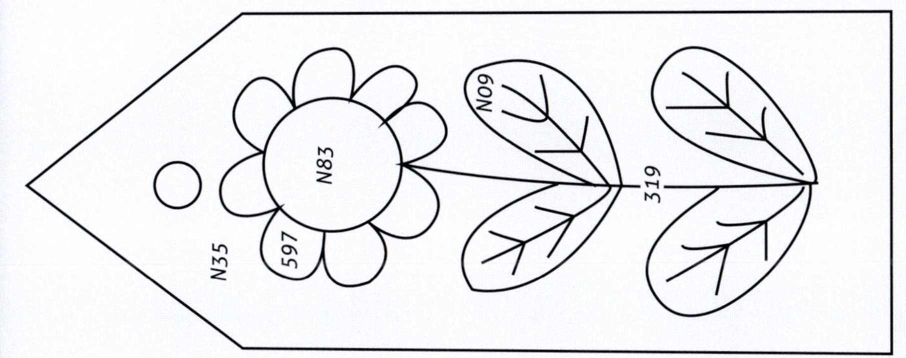
N09
N83
319
597
N35

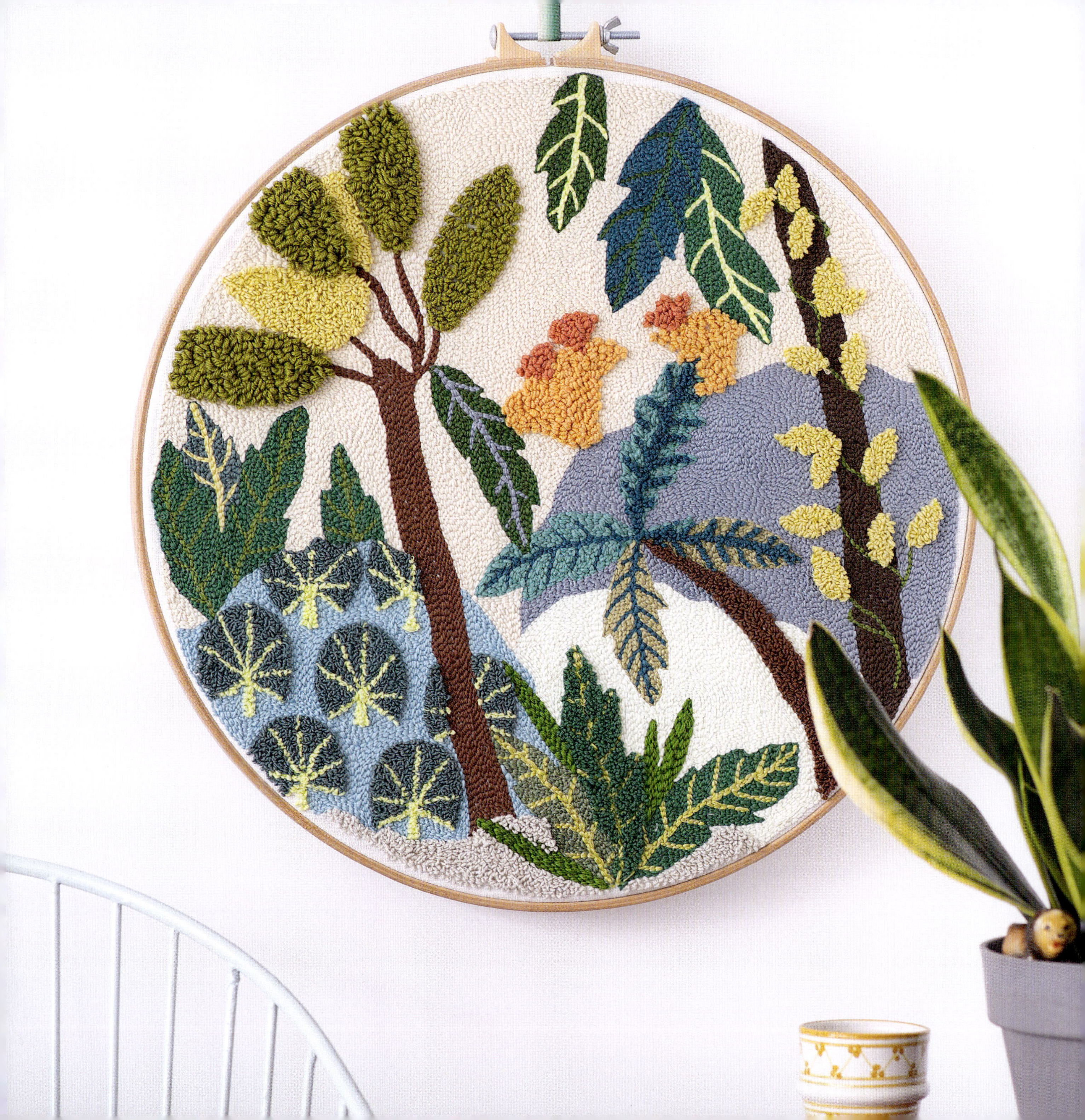

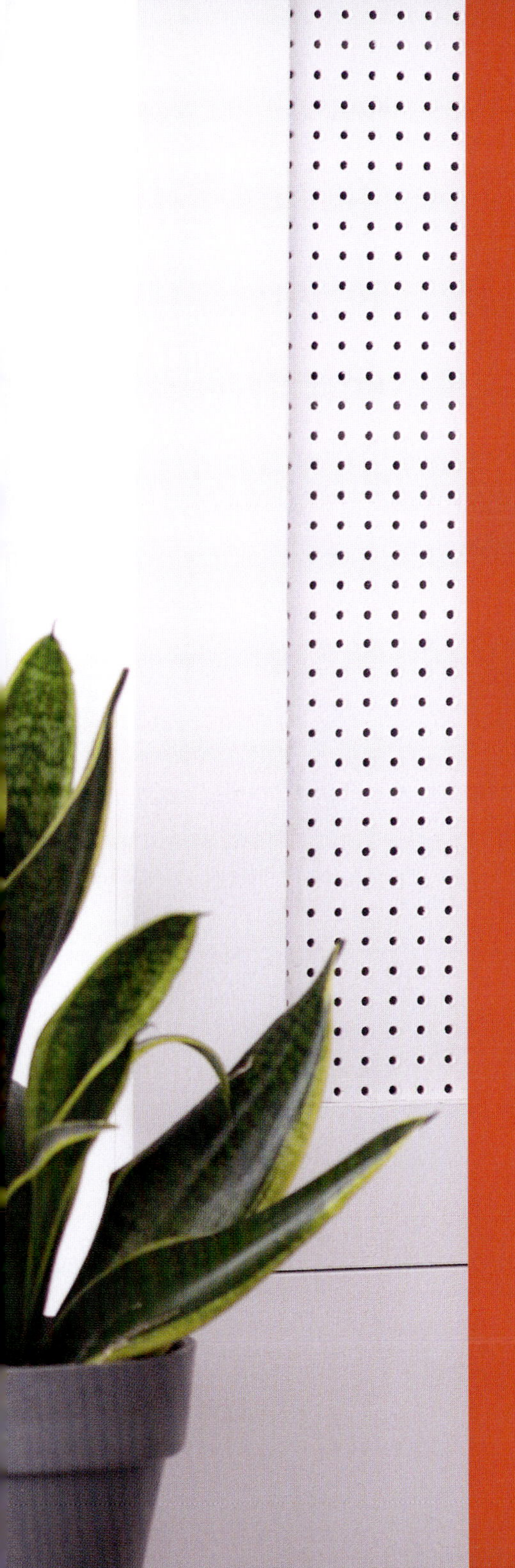

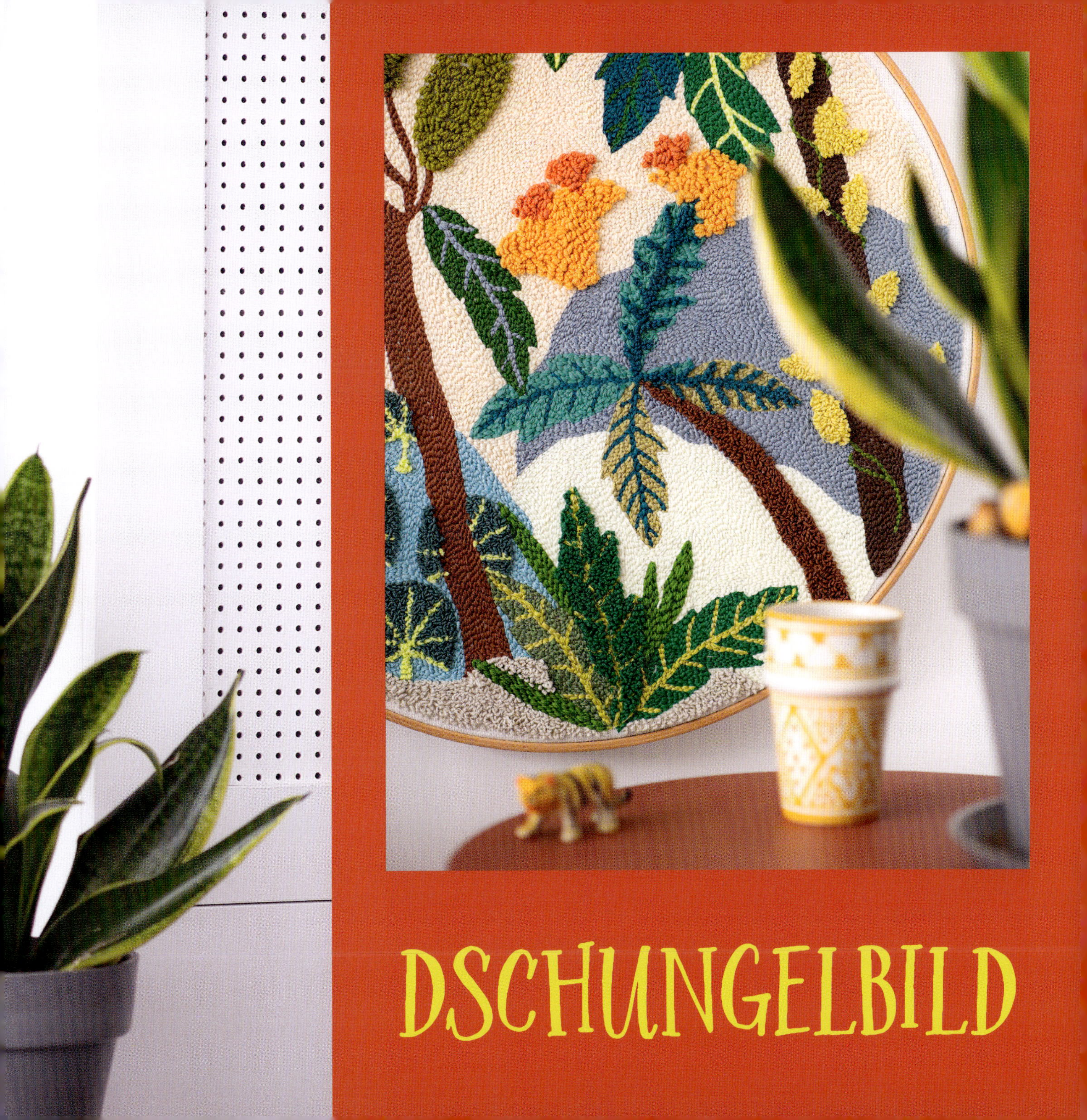

DSCHUNGELBILD

DSCHUNGELBILD

Größe: ø 60 cm

Material

- Baumwollgarn DMC Natura: N35 (creme), N36 (beige), N26 (blau), N41 (braun), N22 (mokka), N16 (gelb), N89 (hellgrün), N14 (lichtgrün), N18 (rot), N106 (hellblau), N49 (türkis), N81 (moos)
- Baumwollgarn DMC Natura Medium: 08 (grün), 109 (orange)
- Garn DMC Retors Mat: 2561 (grün), 2132 (indigo), 2930 (dunkelgrün)
- Stoff
- Punch Needle, fein
- Punch Needle 1/4, mittel
- Stickring, 60 cm Durchmesser
- Schere

Ausführung

1. Das Motiv auf die Vorder- und Rückseite des Stoffes (siehe Schritt-für-Schritt-Anleitung S. 11) übertragen. Den Stoff in den Stickring spannen.
2. Sticken Sie entsprechend dem Motiv abwechselnd flache Stiche und Schlaufen (siehe Schritt-für-Schritt-Anleitung S. 12).
3. Anschließend können Sie Ihre Kreation im Stickring lassen.

Die Blattadern:
N89 (hellgrün),
N16 (gelb),
N14 (lichtgrün),
08 (grün),
N49 (türkis),
2132 (indigo)

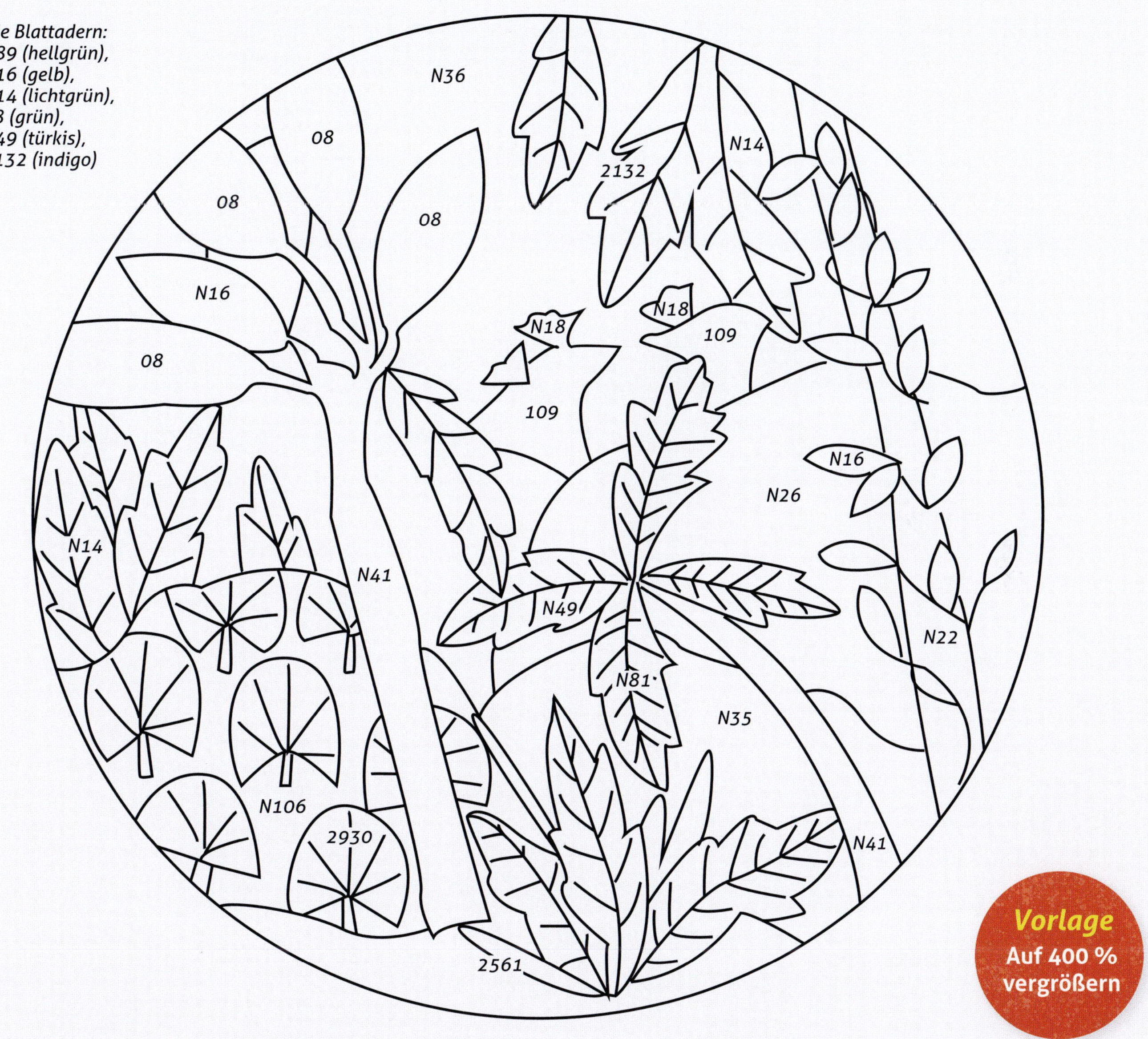

Vorlage
Auf 400 %
vergrößern

Marienkäferbrosche

Größe: 4 x 5 cm

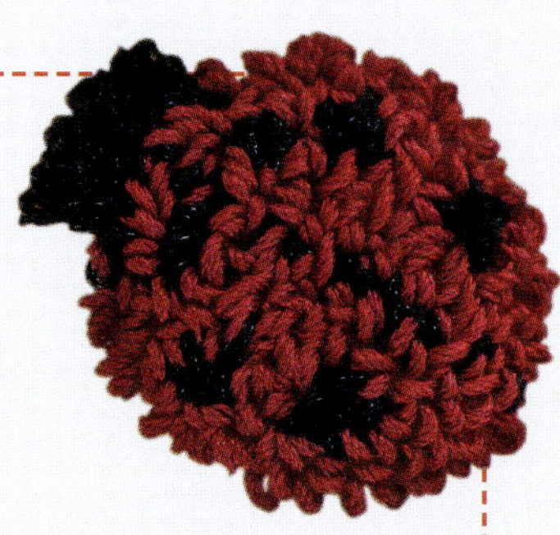

Material

- Garn DMC Mouliné Spécial: 321 (dunkelrot)
- schwarzes Sterngarn
- Stoff
- Stickrahmen, 15 cm
- Punch Needle, fein
- Nähnadel
- weißes Nähgarn
- Schere
- Textilkleber
- Kraftkleber
- dünnes steifes Molton
- Sockel für Brosche

Ausführung

1. Das Motiv der Brosche auf den Stoff (siehe Schritt-für-Schritt-Anleitung S. 11) übertragen.
2. Den Stoff in den Stickring spannen.
3. Sticken Sie entsprechend dem Motiv Schlaufen (siehe Schritt-für-Schritt-Anleitung S. 12).
4. Die Brosche zuschneiden und einen Stoffrand von 2 cm stehen lassen.
5. Den Stoff mittels Nadel und Nähfaden raffen, um ihn auf der Rückseite umzulegen und darüber bügeln.
6. Schneiden Sie das Gegenstück in Form eines Marienkäfers aus dünnem Hartschaumstoff zu und kleben Sie es dann auf die Rückseite der Brosche. Kleben Sie den Sockel auf die Rückseite der Brosche.

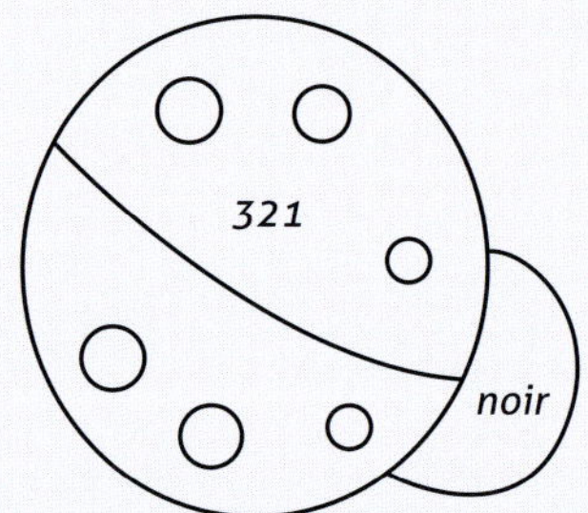

Vorlage
Auf 120 % vergrößern

LÖWENBROSCHE

Größe: ø 5 cm

Material

- Garn DMC Mouliné Spécial: 310 (schwarz), 3853 (camel) , 402 (beige)
- Stoff
- Stickrahmen, 15 cm
- Punch Needle, fein
- Nähnadel
- weißes Nähgarn
- Schere
- Textilkleber
- Kraftkleber
- dünnes steifes Molton
- Sockel für Brosche

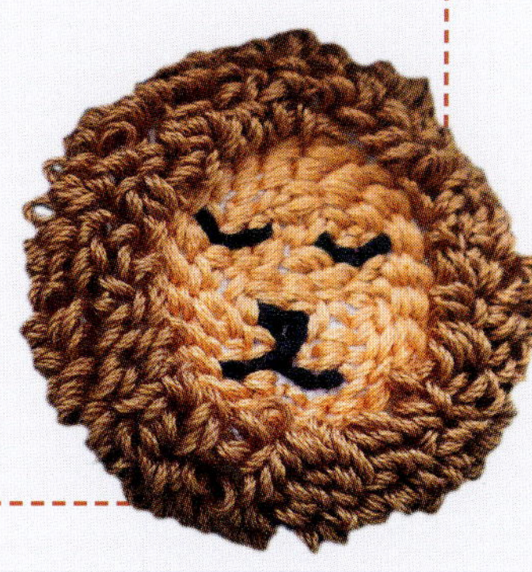

Ausführung

1. Das Motiv der Brosche auf die Vorder- und Rückseite des Stoffes (siehe Schritt-für-Schritt-Anleitung S. 11) übertragen.
2. Den Stoff in den Stickring spannen.
3. Sticken Sie entsprechend dem Motiv abwechselnd Schlaufen und flache Stiche (siehe Schritt-für-Schritt-Anleitung S. 12).
4. Schneiden Sie die Brosche zu und lassen Sie dabei einen Stoffrand von 2 cm.
5. Den Stoff mittels Nadel und Nähfaden raffen, um ihn auf der Rückseite umzulegen und darüber bügeln.
6. Schneiden Sie das Gegenstück in Form eines Löwenkopfes aus dünnem Hartschaumstoff zu und kleben Sie es dann auf die Rückseite der Brosche. Kleben Sie den Sockel auf die Rückseite der Brosche.

Vorlage
Auf 200 % vergrößern

Die Stickerei:
310

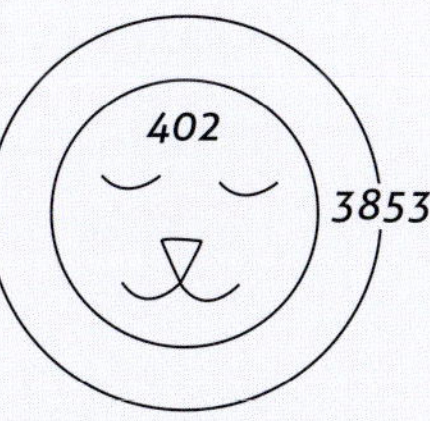

IGELCHEN

Größe: 14 x 18 cm

Material

- Baumwollgarn DMC:
  Für den Igelrücken: Garn DMC Natura Medium: 05 (rotbraun)
  Für die Vorderseite des Igels: Garn DMC Natura: N35 (creme), N11 (schwarz), N37 (beige); Garn DMC Mouliné Spécial: 761 (rosa), 152 (altrosa)
- Stoff
- Stickrahmen, 30 cm
- Punch Needle, fein (für die Vorderseite des Igels)
- Punch Needle 1/4, regulär (für die Igelrückseite)
- Nähnadel
- weißes Nähgarn
- Füllwatte
- Schere
- Stecknadeln

Tipp

Die Rückenfläche ist größer als die Vorderseite. Fügen Sie beim Nähen kleine Fältchen ein. Mittels dieser Technik wird das Rückenteil bauchiger als die Vorderseite.

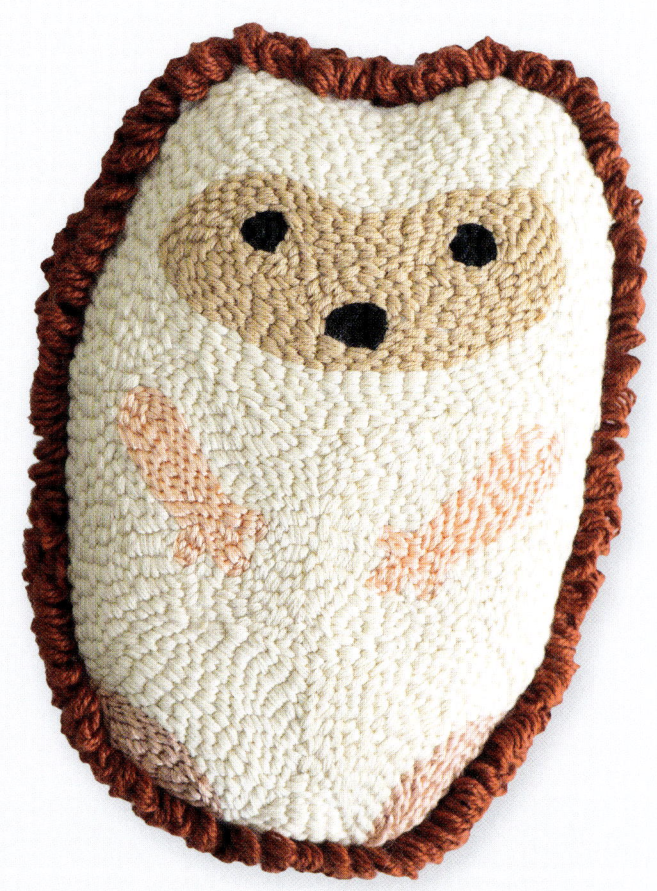

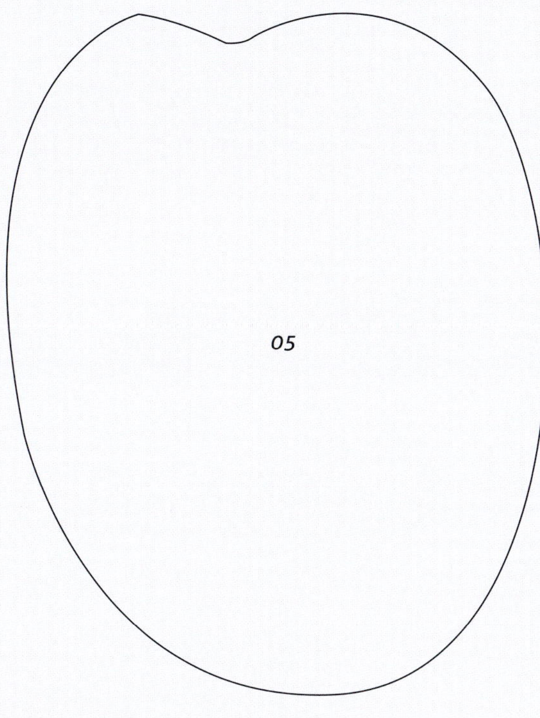

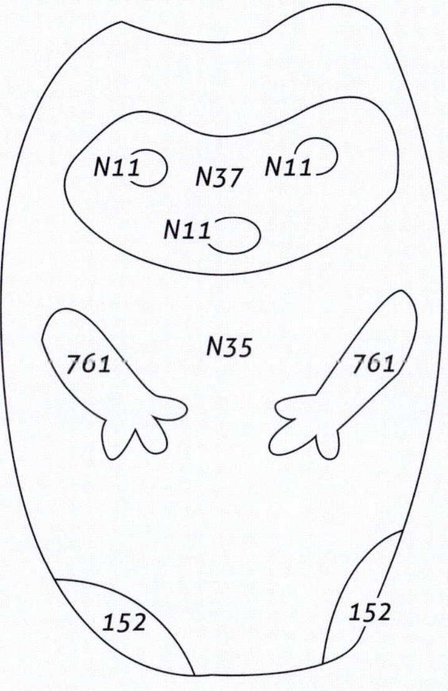

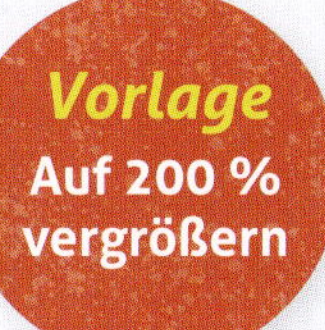

Ausführung

1. Die beiden Teile des Motivs von der Vorlage für den Igel auf zwei verschiedene Stücke Stoff übertragen, die in einen Stickring von 30 cm gespannt werden können.
2. Die flachen Stiche werden für die Vorderseite und die Schlaufen für die Rückseite des Igels verwendet (siehe Schritt-für-Schritt-Anleitung S. 12).
3. Wenn beide Flächen fertig sind, den Stoff 2 cm von der Stickerei entfernt zuschneiden.
4. Legen Sie die beiden bestickten Flächen aufeinander, schlagen Sie dann den Stoff nach innen und stecken Sie ihn fest. Nähen Sie mit Blindstich rings um die Stickarbeit. Geben Sie nach und nach Füllwatte hinein.

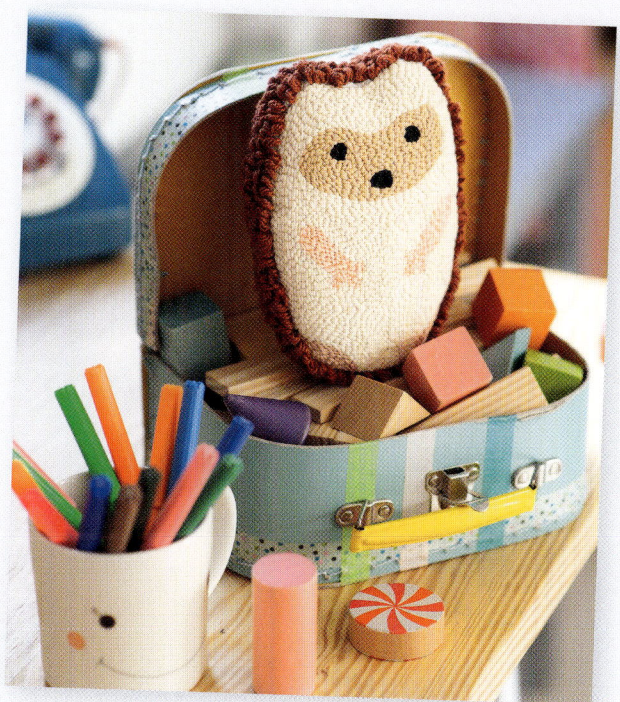

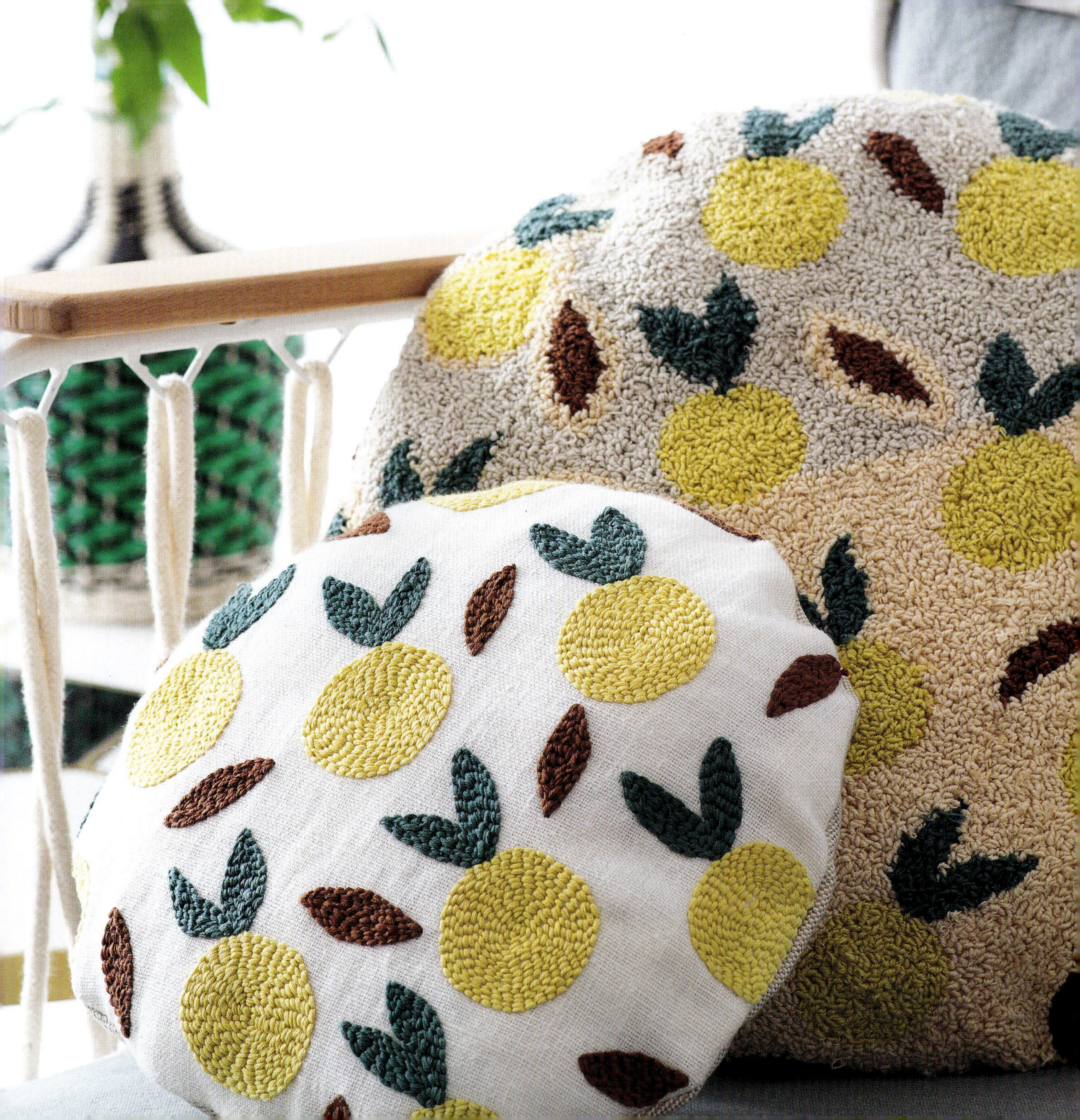

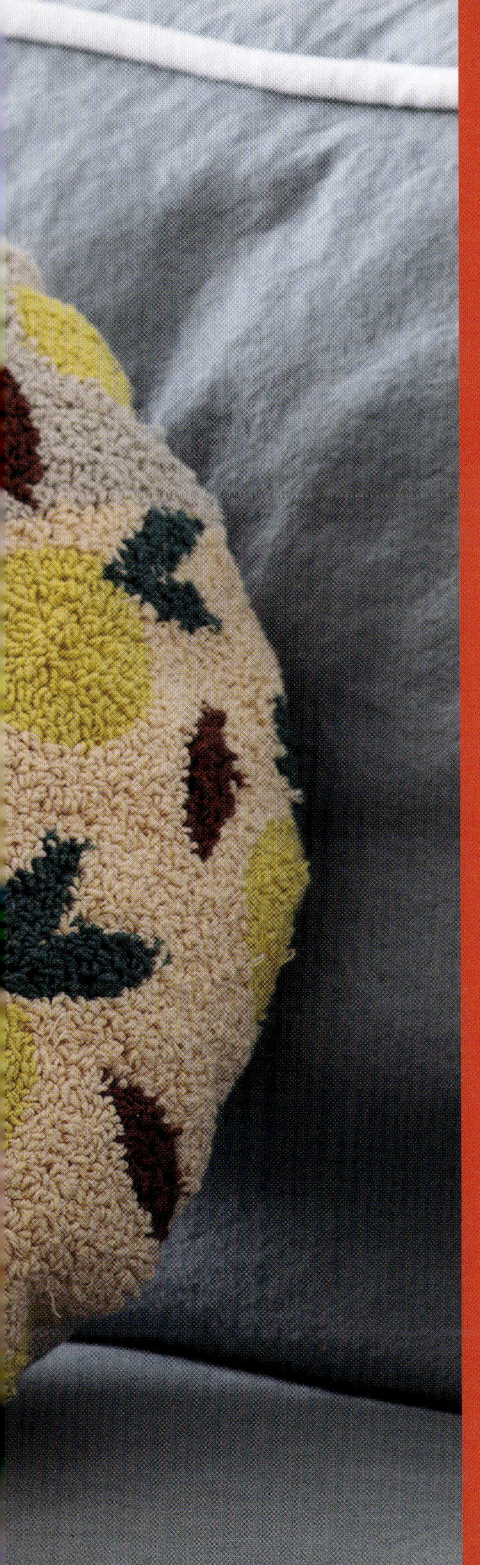

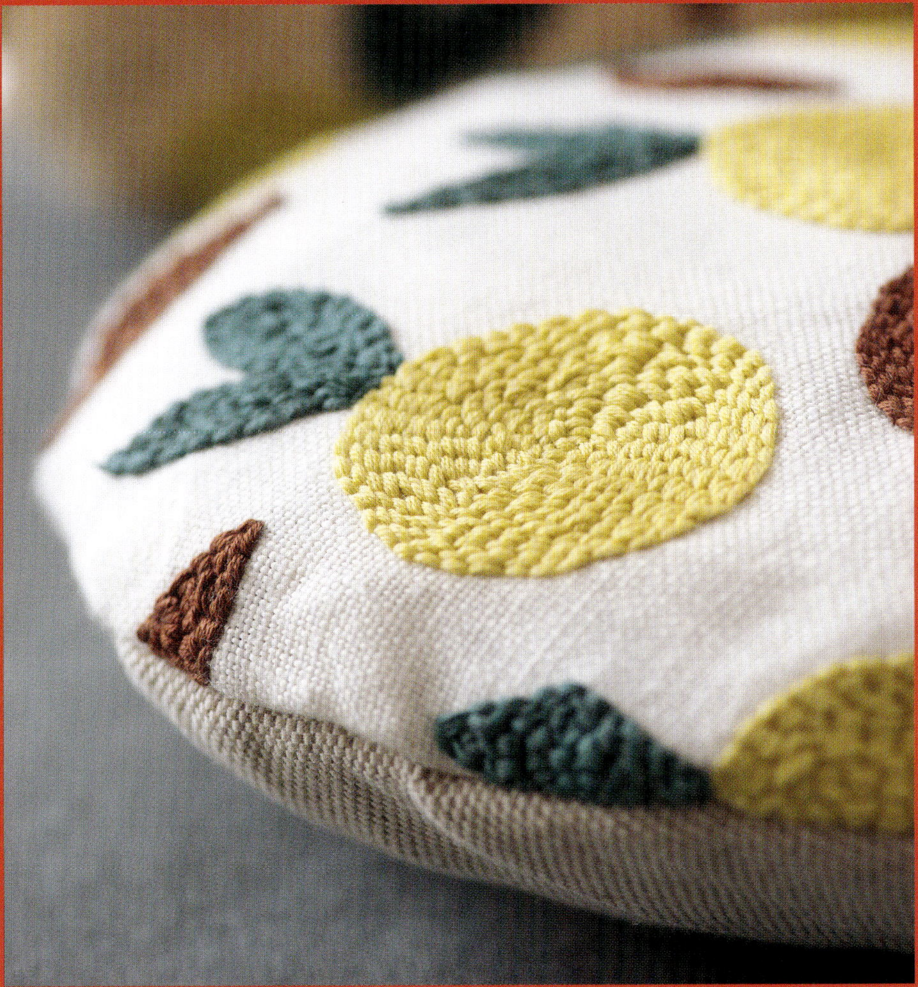

KISSEN MIT ZITRONEN-MOTIV

Kissen mit Zitronen-Motiv

Größe: ø 40 cm für das große Kissen, ø 28 cm für das kleine Kissen

Material

- Baumwollgarn DMC Natura: N82 (beige), N41 (braun), N16 (gelb), N121 (hellgrau), N14 (lichtgrün)
- Stoff
- Punch Needle, fein
- Stickring, 60 cm oder Holzrahmen
- Füllwatte
- Nähmaschine
- Nadel
- weißes Nähgarn
- Schere

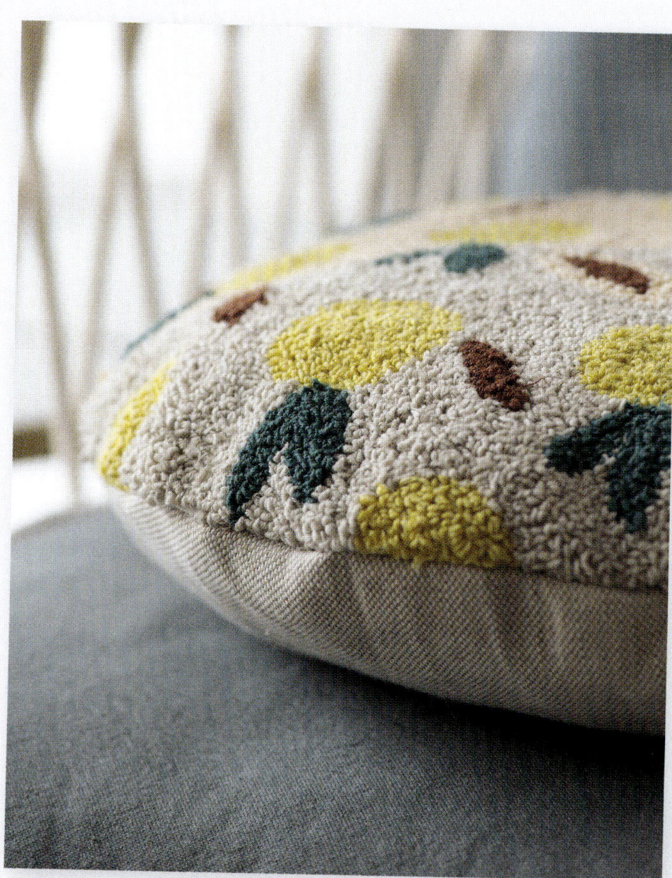

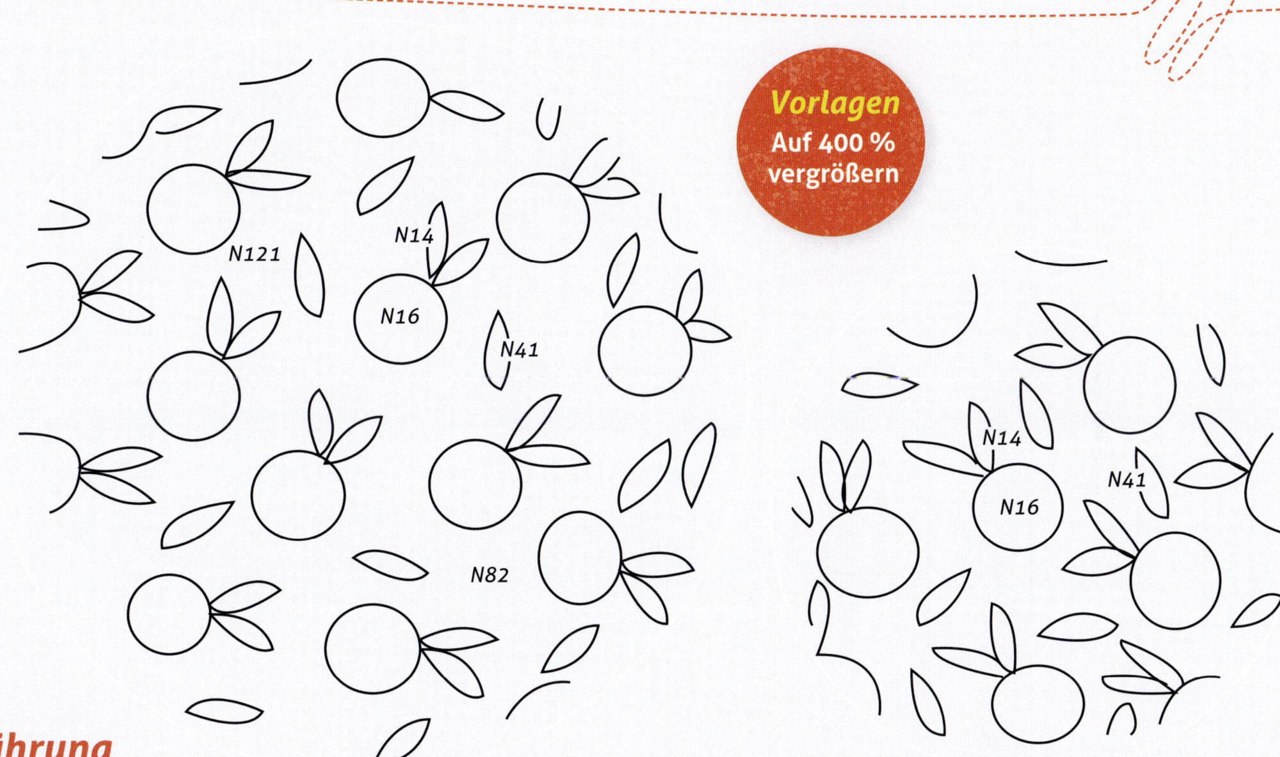

Ausführung

Für das große Kissen:

1. Das Motiv auf den Stoff (siehe Schritt-für-Schritt-Anleitung S. 11) übertragen. Den Stoff in den Stickring oder auf den Holzrahmen spannen.
2. Sticken Sie entsprechend dem Motiv gleichmäßige Schlaufen (siehe Schritt-für-Schritt-Anleitung S. 12).
3. Schneiden Sie einen weiteren Kreis von 40 cm Durchmesser aus und belassen Sie dabei eine Nähzugabe. Nähen Sie mit der Nähmaschine ringsherum, Vorderseite auf Vorderseite. Schneiden Sie auf dem Umfang Zacken aus.
4. Lassen Sie zum Wenden des Stoffes einen Abschnitt offen. Füllen Sie das Kissen mit Füllwatte und verschließen Sie danach die Öffnung des Kissens mittels Blindstich per Hand.

Für das kleine Kissen:

1. Das Motiv auf den Stoff (siehe Schritt-für-Schritt-Anleitung S. 11) übertragen. Den Stoff in den Stickring oder auf den Holzrahmen spannen.
2. Sticken Sie entsprechend dem Motiv gleichmäßige flache Stiche (siehe Schritt-für-Schritt-Anleitung S. 12).
3. Schneiden Sie einen weiteren Kreis von 25 cm Durchmesser aus und belassen Sie dabei eine Nähzugabe. Nähen Sie mit der Nähmaschine ringsherum, Vorderseite auf Vorderseite. Schneiden Sie auf dem Umfang Zacken aus.
4. Lassen Sie zum Wenden des Stoffes einen Abschnitt offen. Füllen Sie das Kissen mit Füllwatte und verschließen Sie danach die Öffnung des Kissens mittels Blindstich per Hand.

PILZE

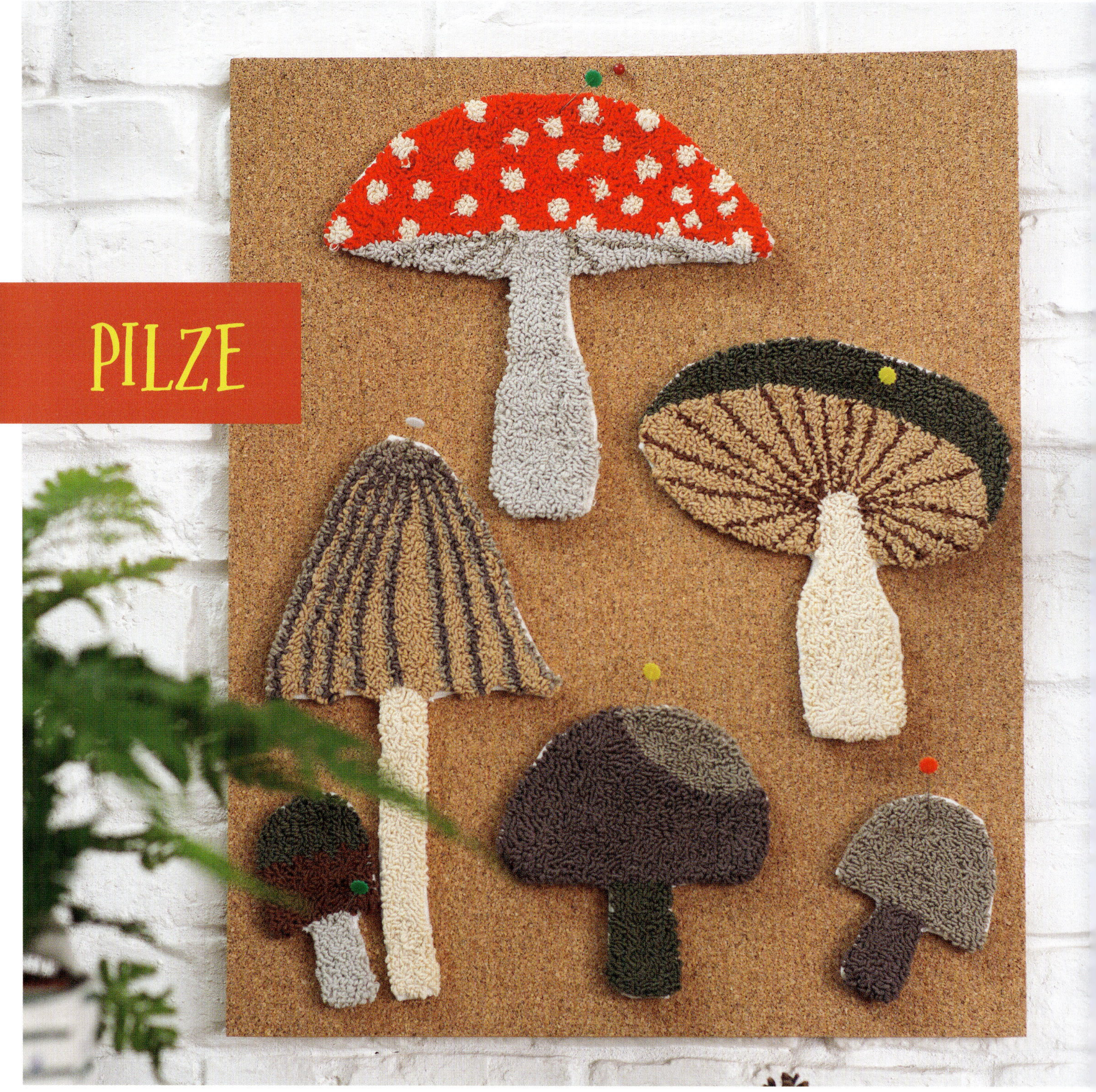

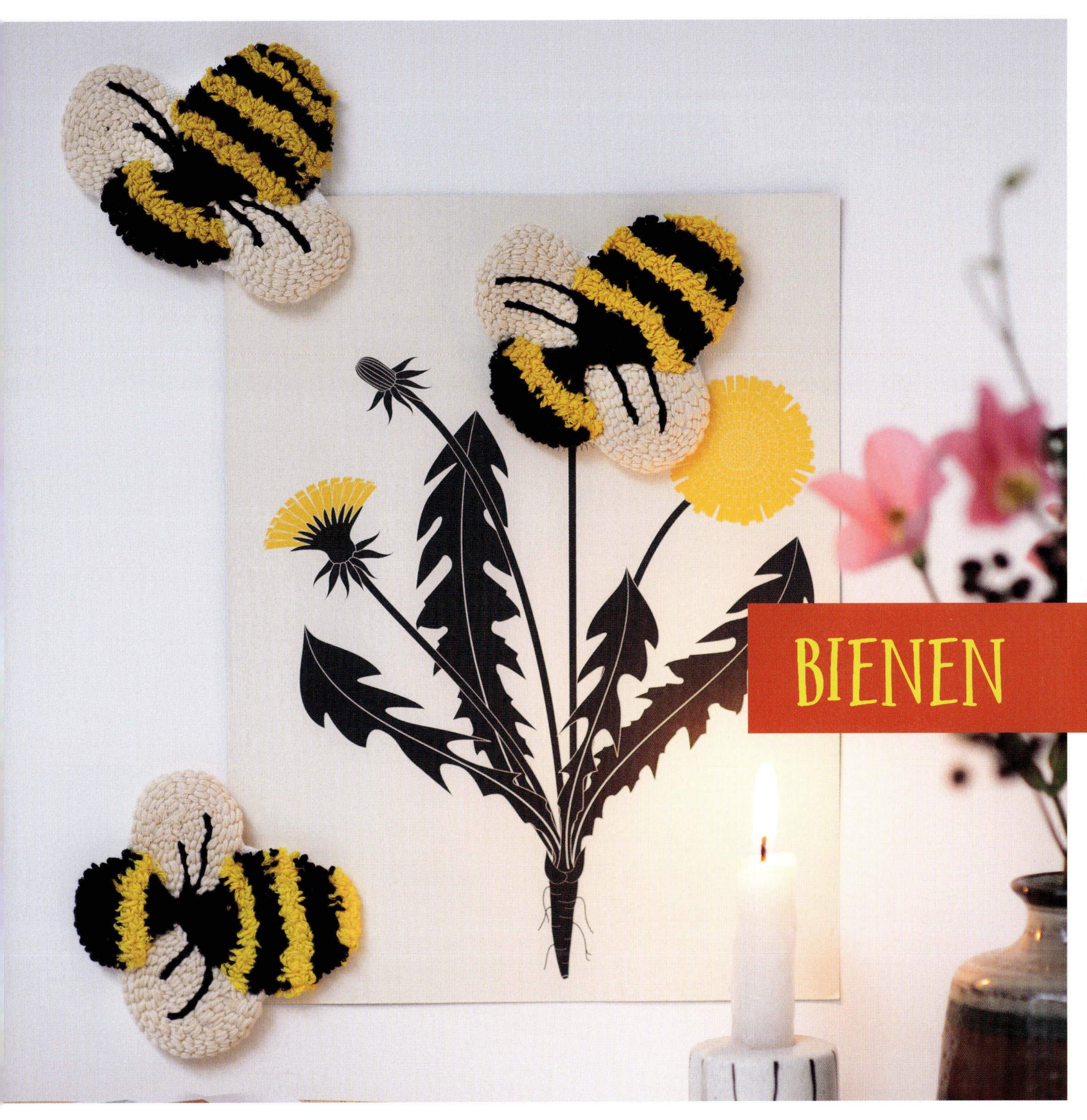

BIENEN

PILZE

Größe: Höhe ca. 14 cm

Material

- Baumwollgarn DMC Natura: N121 (hellgrau), N09 (dunkelgrau), N39 (braun), N78 (taupe), N37 (beige), N35 (creme), N41 (braun), N14 (lichtgrün), N23 (rot)
- Stoff
- Stickring, 60 cm oder Holzrahmen
- Punch Needle, fein
- Nähnadel
- weißes Nähgarn
- Schere
- Textilkleber
- dünnes steifes Molton

Ausführung

1. Die Pilz-Motive getrennt auf den Stoff (siehe Schritt-für-Schritt-Anleitung S. 11) übertragen.
2. Den Stoff in den Stickring oder auf den Holzrahmen spannen.
3. Sticken Sie entsprechend dem Motiv Schlaufen (siehe Schritt-für-Schritt-Anleitung S. 12).
4. Schneiden Sie alle Pilze aus und belassen Sie dabei einen Stoffrand von 2 cm.
5. Raffen Sie den Stoff mittels Nadel und Nähfaden, um ihn auf der Rückseite umzulegen und bügeln Sie darüber.
6. Schneiden Sie für jeden Pilz das Gegenstück in dünnem Hartschaumstoff zu und kleben es dann auf die Rückseite.

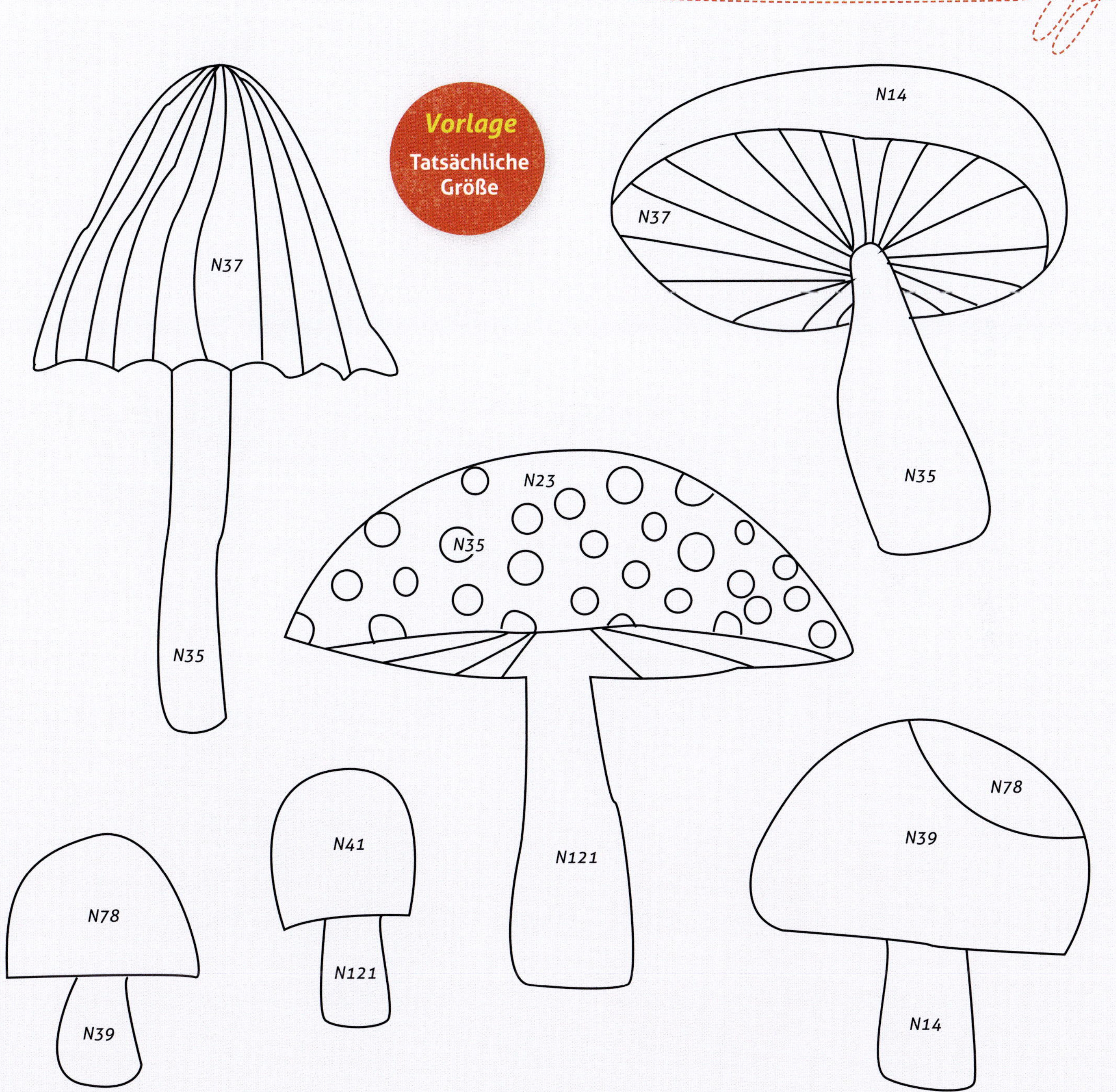
Vorlage
Tatsächliche Größe
N37
N35
N14
N37
N35
N23
N35
N121
N78
N39
N41
N121
N78
N39
N78
N39
N14

BIENEN

Größe: 8,5 x 9 cm

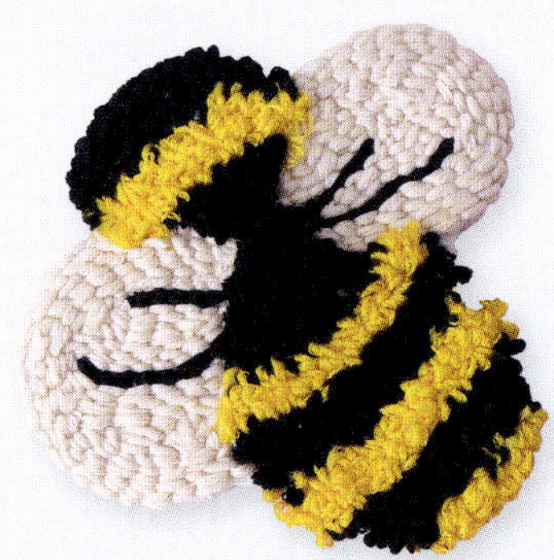

Material

- Baumwollgarn DMC Natura: N35 (creme), N11 (schwarz)
- verschiedene Nuancen von DMC Mouliné Spécial (gelb): 728, 972, 3852
- Stoff
- Stickring, 15 cm
- Punch Needle, fein
- Nähnadel
- weißes Nähgarn
- Schere
- Textilkleber
- dünnes steifes Molton

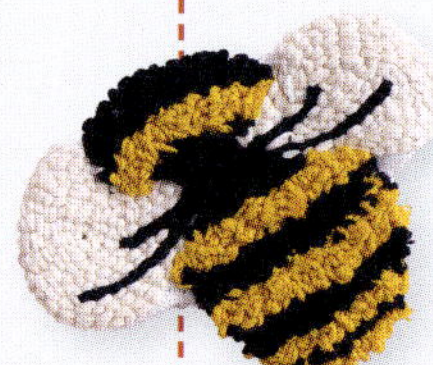

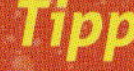

Tipp

Sie können Ihre Brosche außerdem mit Hilfe einer Stecknadel als Dekoration an einer Wand befestigen.

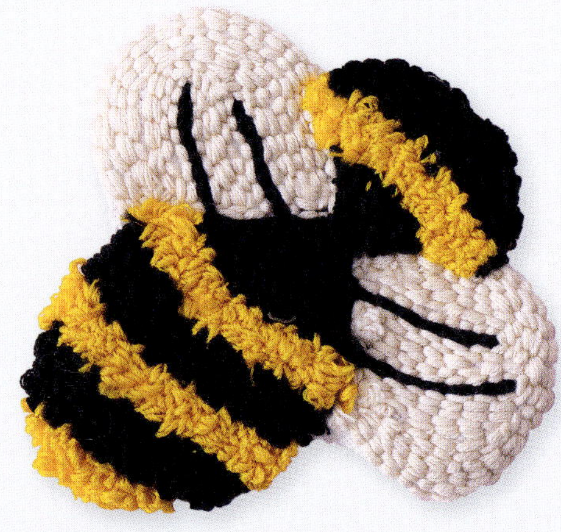

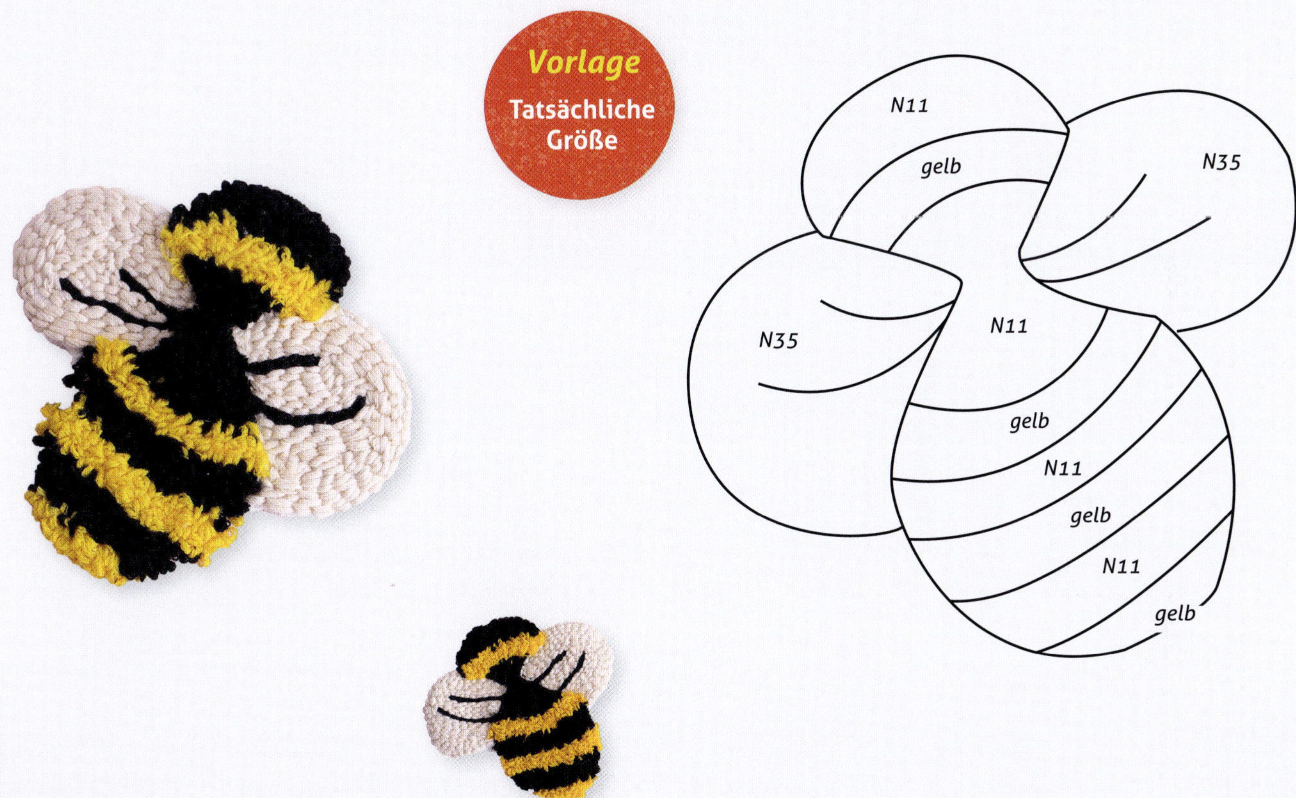

Ausführung

1. Das Bienen-Motiv auf die Vorder- und Rückseite des Stoffes (siehe Schritt-für-Schritt-Anleitung S. 11) übertragen.
2. Den Stoff in den Stickring spannen.
3. Sticken Sie entsprechend dem Motiv abwechselnd Schlaufen und flache Stiche (siehe Schritt-für-Schritt-Anleitung S. 12).
4. Die Biene ausschneiden und einen Stoffrand von 2 cm belassen.
5. Raffen Sie den Stoff mittels Nadel und Nähfaden, um ihn auf der Rückseite umzulegen und bügeln Sie darüber.
6. Schneiden Sie das Gegenstück in Bienenform aus dünnem Hartschaumstoff zu und kleben es dann auf die Rückseite der Biene.

KLEINE HÄUSER

Größe: 19 x 24 cm für das breite Haus und 15 x 27 cm für das hohe Haus

Material

- Baumwollgarn DMC Natura XL:
  Für das Haus mit orangenem Dach:
  10 (orange), 07 (pastellblau), 11 (braun), 85 (elfenbein)
  Für das Haus mit grünem Dach: 92 (gelb), 11 (braun), 10 (orange), 84 (moosgrün), 85 (elfenbein)
- Punch Needle, Größe 10
- Stoff
- Futter
- Stickring, 60 cm oder Holzrahmen
- Füllwatte
- Nähmaschine
- Nadel
- weißes Nähgarn
- Schere

Ausführung

1. Das Motiv auf die Vorder- und Rückseite des Stoffes (siehe Schritt-für-Schritt-Anleitung S. 11) übertragen.
2. Den Stoff in den Stickring oder auf den Holzrahmen spannen.
3. Sticken Sie entsprechend dem Motiv gleichmäßige flache Stiche (siehe Schritt-für-Schritt-Anleitung S. 12).
4. Schneiden Sie das Futter in der gleichen Größe wie die Häuser zu und beachten Sie dabei die Nahtzugabe. Nähen Sie mit der Nähmaschine ringsherum, Vorderseite auf Vorderseite. Schneiden Sie an den Ecken Zacken aus. Lassen Sie zum Wenden des Stoffes einen Abschnitt offen.
5. Das Kissen mit Füllwatte befüllen und danach die Öffnung des Kissens mittels Blindstich per Hand verschließen.

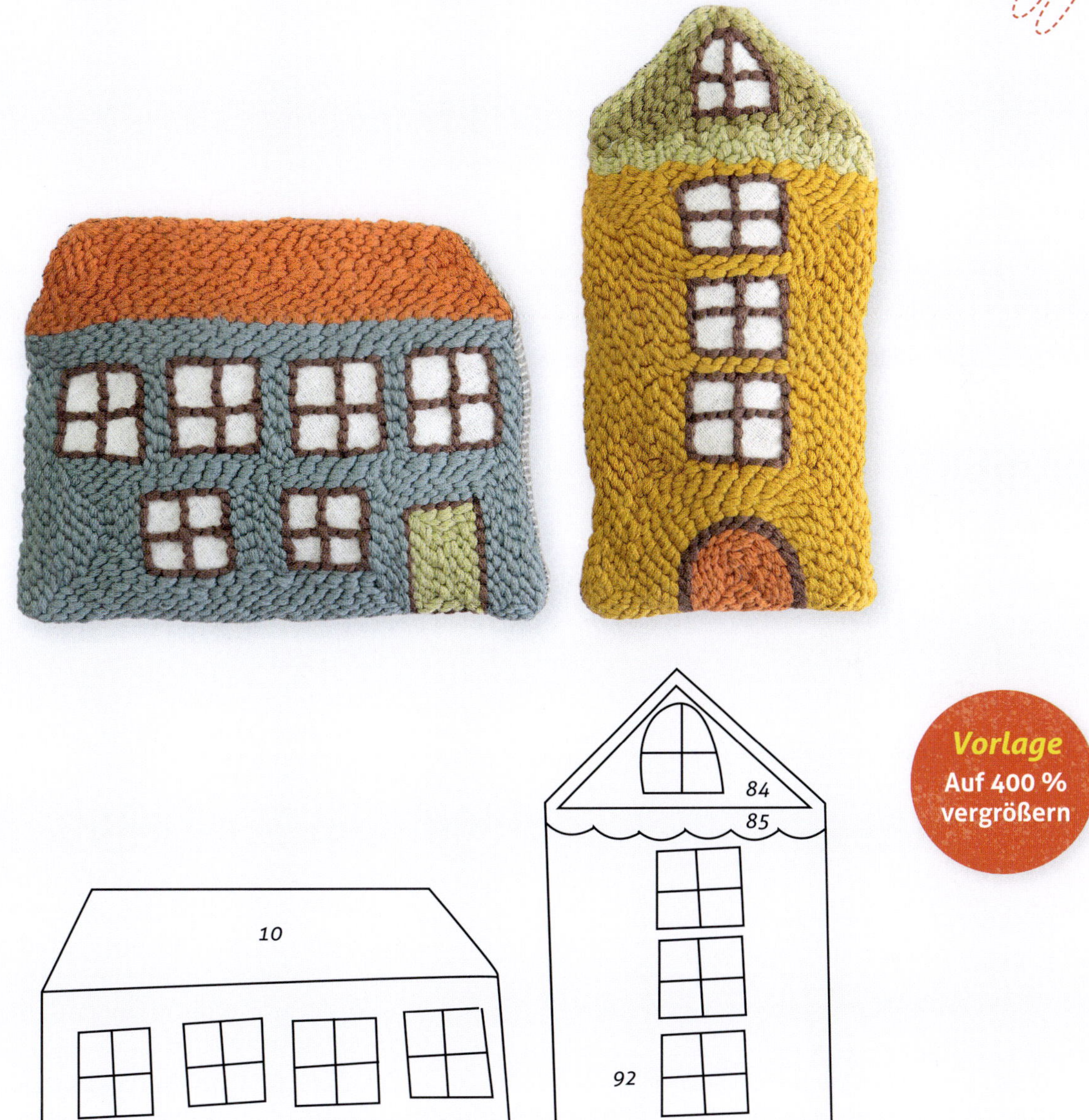

Der Rahmen für Türen und Fenster: 11

TÄSCHCHEN

Größe: 13,5 x 19,5 cm

Material

- Baumwollgarn DMC Natura: N12 (weißgrün)
- Baumwollgarn DMC Natura XL: 07 (pastellblau), 85 (elfenbein)
- metallisiertes Garn DMC Lumina goldfarben
- Punch Needle, fein
- Punch Needle, Größe 10
- Stoff
- Futter und Fantasiestoff für die Rückseite der Tasche
- Stickring, 60 cm oder Holzrahmen
- Füllwatte
- goldfarbener Metallreißverschluss, 32 cm
- Nähmaschine
- Stecknadeln
- Nadel
- weißes Nähgarn
- Schere

Ausführung

1. Das Motiv auf den Stoff (siehe Schritt-für-Schritt-Anleitung S. 11) übertragen.
2. Den Stoff in den Stickring oder auf den Holzrahmen spannen.
3. Sticken Sie entsprechend dem Motiv gleichmäßige flache Stiche (siehe Schritt-für-Schritt-Anleitung S. 12).
4. Legen Sie den bestickten Stoff vor sich und setzen Sie den Reißverschluss rechts auf rechts an. Darüber legen Sie das Futter rechts auf rechts auf den Reißverschluss und stecken Sie alles fest. Nähen Sie die erste Seite des Reißverschlusses an und verwenden Sie dafür den Spezialnähfuß für Reißverschlüsse Ihrer Nähmaschine. Wenden und bügeln Sie die Nähte.
5. Legen Sie den Fantasiestoff auf den Rand der zweiten Seite des Reißverschlusses, immer rechts auf rechts. Wenden und wiederholen Sie dies mit dem Futter (rechts auf rechts). Heften Sie die zweite Seite des Reißverschlusses fest und nähen Sie diese an. Bügeln Sie die Naht.

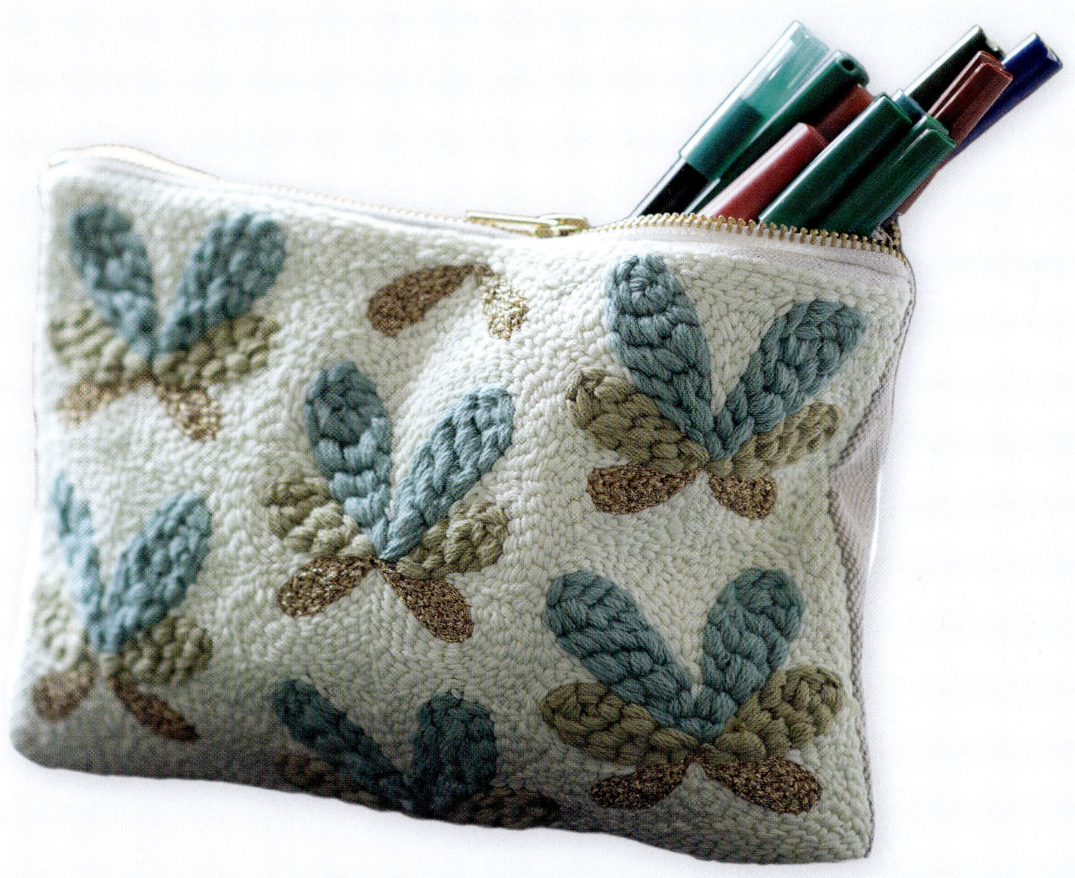

6. Heften Sie die beiden Rechtecke (den bestickten und den Fantasiestoff) und die beiden Rechtecke des Futters rechts auf rechts zusammen. Achten Sie darauf, den Reißverschluss zur Hälfte zu öffnen, damit sich dieser im Tascheninneren befindet.

7. Vernähen Sie die Ränder der Tasche und lassen Sie im unteren Teil des Futters einen Abschnitt zum Wenden Ihrer Stickarbeit offen. Wenden Sie die Tasche und bügeln Sie diese. Verschließen Sie die Öffnung des Futters im Tascheninneren mittels Blindstich.

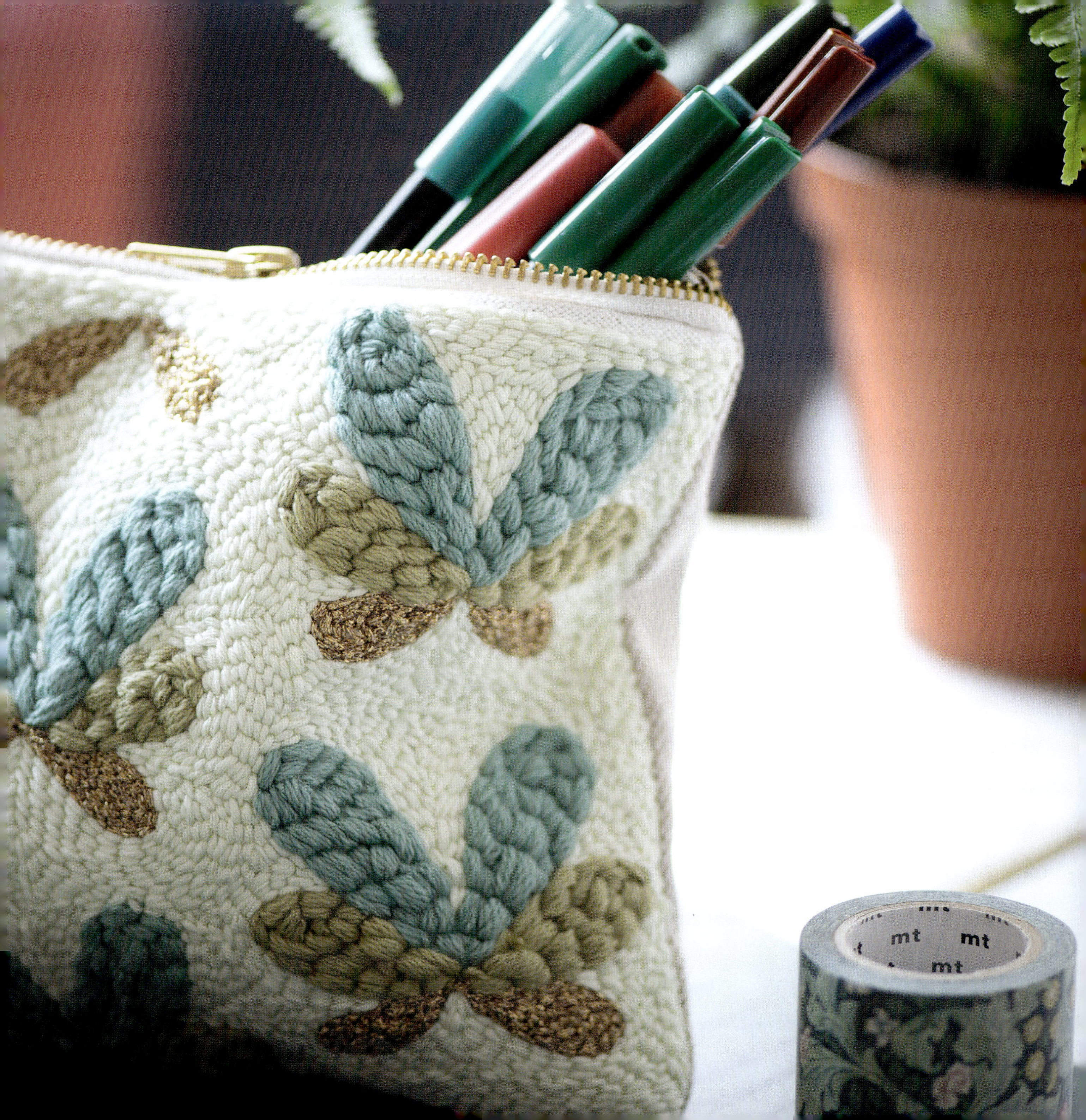
mt
mt
mt

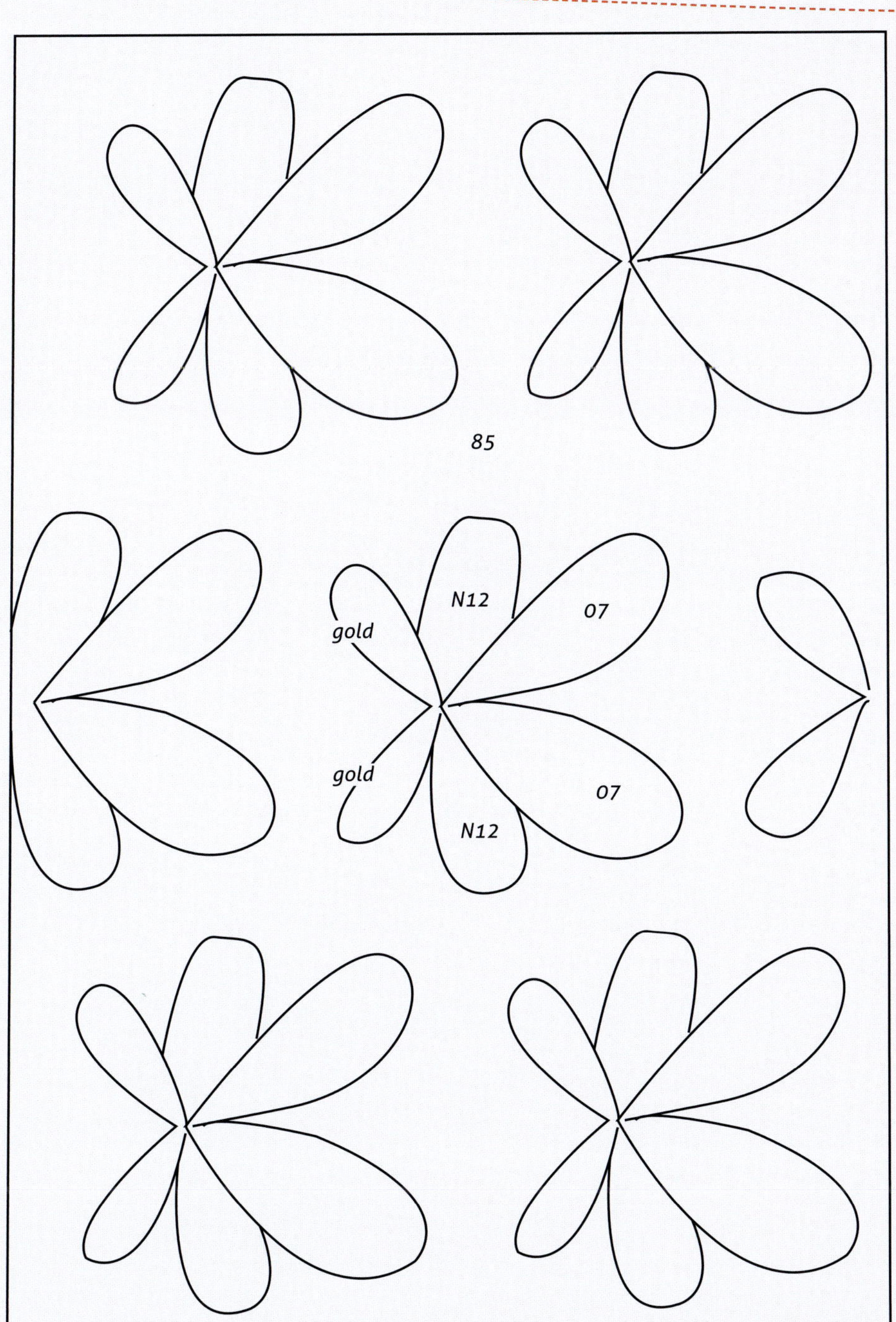

Vorlage
Auf 110 % vergrößern

SCHILDKRÖTE

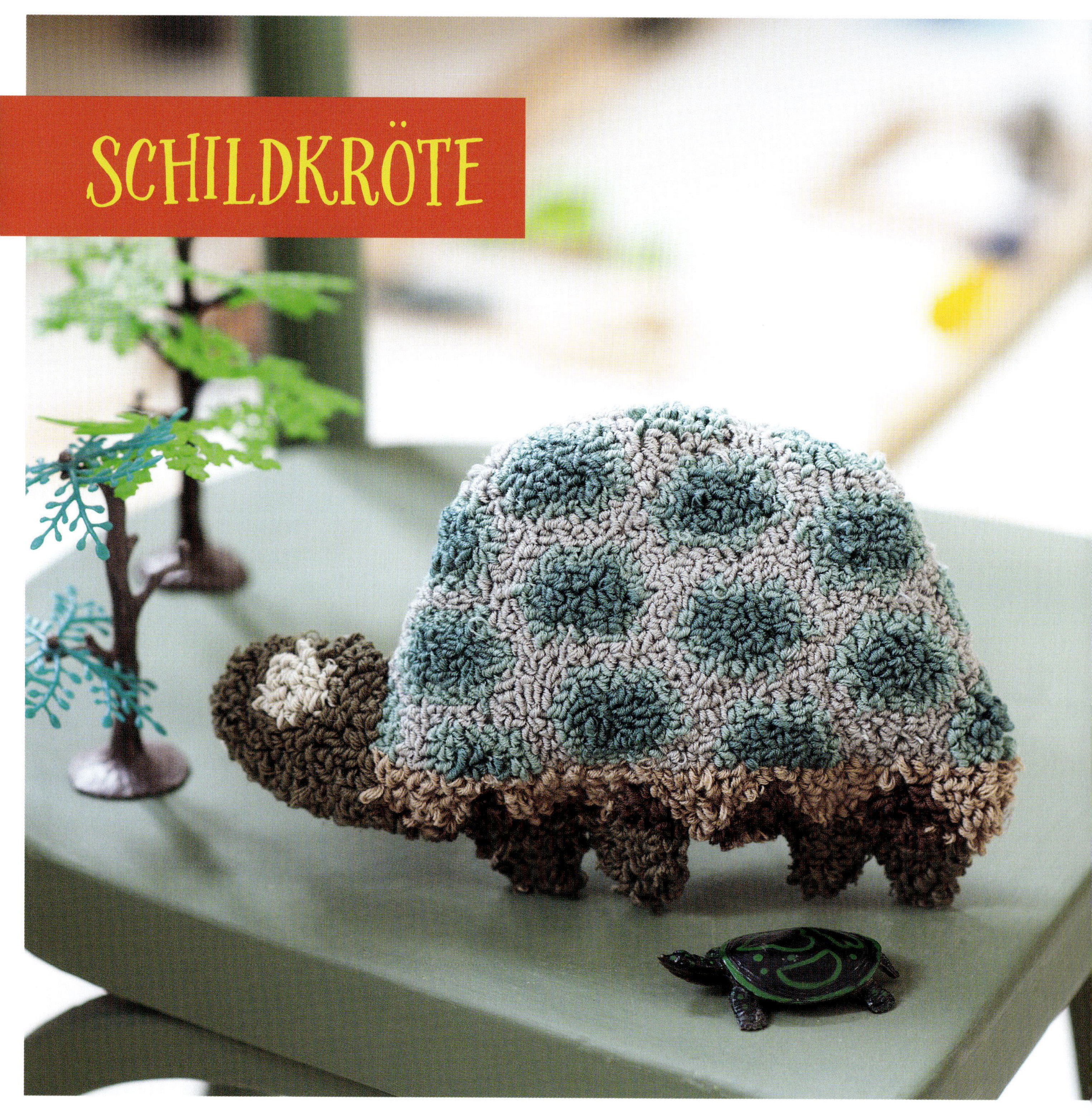

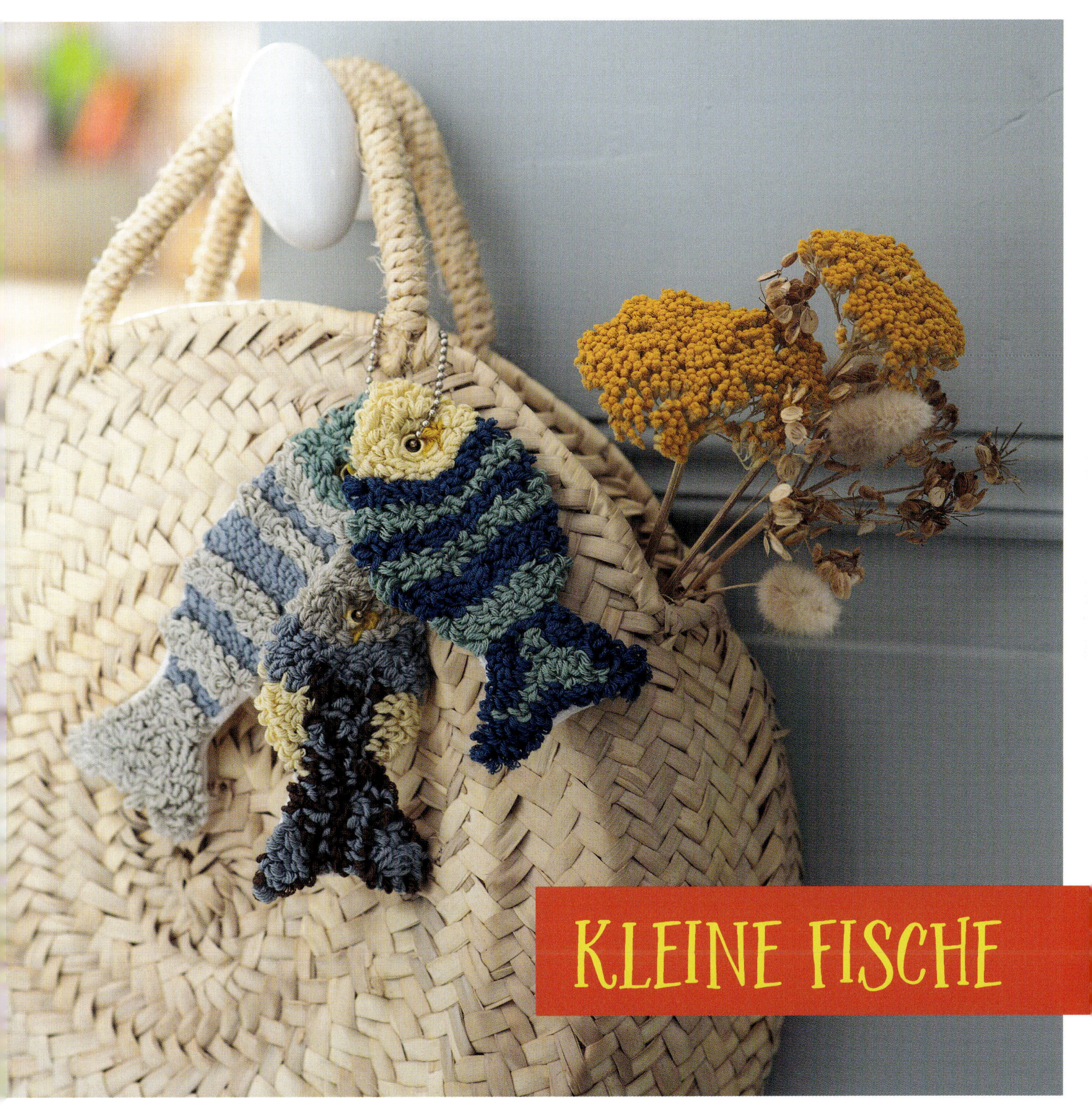

KLEINE FISCHE

Schildkröte

Größe: 12 x 18 cm

Material

- Baumwollgarn DMC Natura: N22 (mokka), N37 (beige), N25 (dunkeltürkis), N20 (seegrün), N121 (hellgrau), N78 (taupe), N03 (stein)
- Stoff
- Futter
- Punch Needle, fein
- Stickrahmen, 30 cm oder Holzrahmen
- Füllwatte
- Nähmaschine
- Nadel
- weißes Nähgarn
- Schere

Ausführung

1. Das Schildkröten-Motiv auf den Stoff übertragen und diesen dann in den Stickring oder auf den Rahmen spannen.
2. Sticken Sie entsprechend dem Motiv gleichmäßige Schlaufen (siehe Schritt-für-Schritt-Anleitung S. 12).
3. Wenn die Stickarbeit fertig ist, den Stoff 2 cm von der Stickerei entfernt zuschneiden.
4. Legen Sie die bestickte Fläche und das Futter rechts auf rechts übereinander und nähen Sie dann den Kopf und den Panzer mit der Maschine. Wenden Sie die Stickarbeit und nähen Sie die Beine der Schildkröte von Hand zusammen und stecken Sie dabei das Futter hinein. Geben Sie nach und nach die Füllwatte hinein.

Vorlage

Tatsächliche Größe

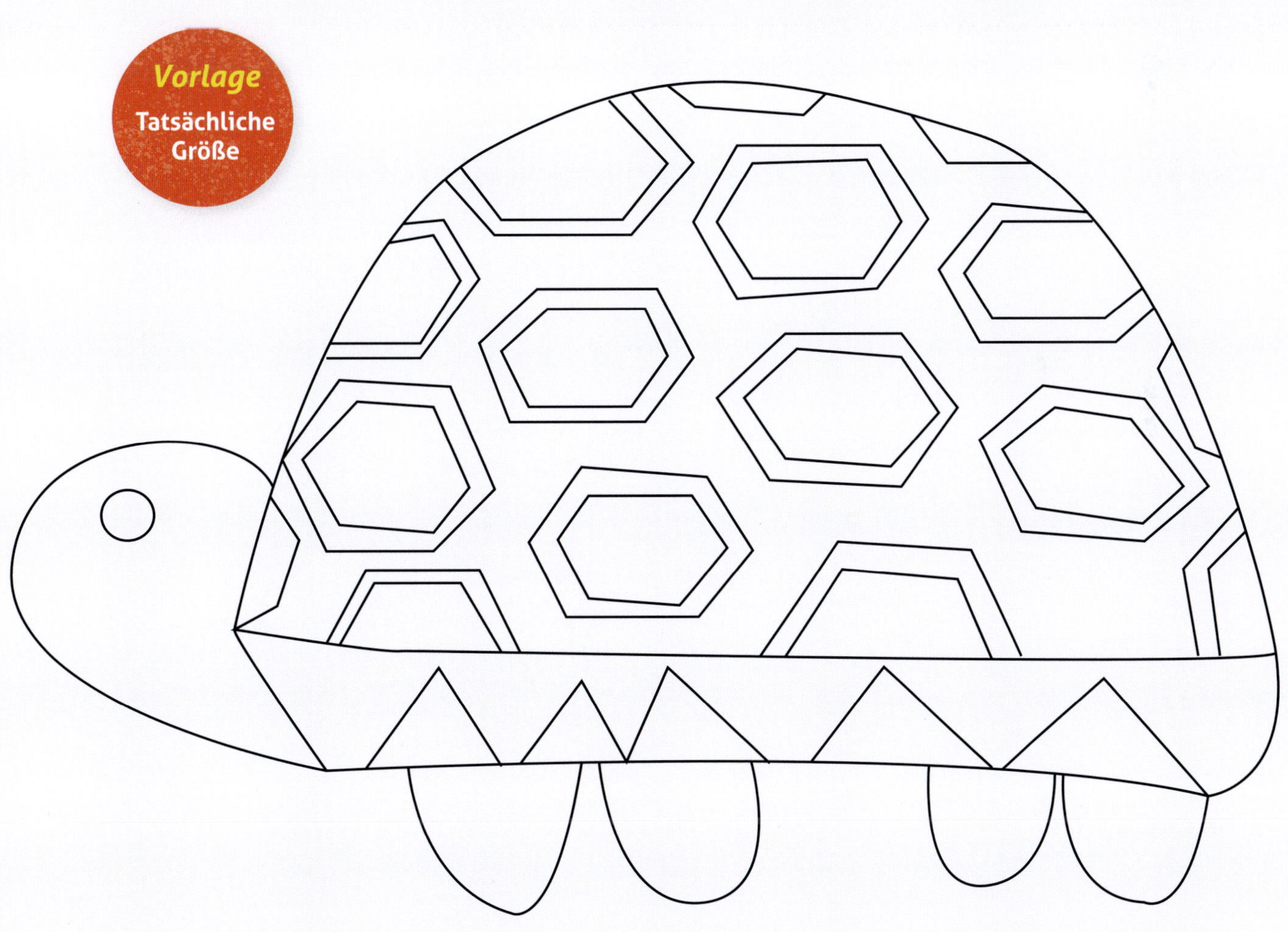

KLEINE FISCHE

Größe (Länge): 13 cm für den großen Fisch, 10 cm für den mittleren Fisch, 8,5 cm für den kleinen Fisch

Material

- Baumwollgarn DMC Natura: N121 (hellgrau), N26 (hellblau), N20 (seegrün), N27 (blau), N22 (mokka), N83 (zartgelb)
- Stoff
- Stickrahmen, 15 cm
- Punch Needle, fein
- Nähnadel
- weißes Nähgarn
- Schere
- Textilkleber
- dünnes steifes Molton
- goldfarbene Öse

Ausführung

1. Übertragen Sie die Fisch-Motive auf den Stoff (siehe Schritt-für-Schritt-Anleitung S. 11).
2. Den Stoff in den Stickring spannen.
3. Sticken Sie entsprechend dem Motiv Schlaufen (siehe Schritt-für-Schritt-Anleitung S. 12).
4. Alle Fische ausschneiden und einen Stoffrand von 2 cm belassen.
5. Raffen Sie den Stoff mittels Nadel und Nähfaden, um ihn auf der Rückseite umzulegen und bügeln Sie darüber.
6. Schneiden Sie die Gegenstücke in Form der Fische aus dünnem Hartschaumstoff zu und kleben Sie diese dann auf die Rückseite. Bringen Sie die Öse an.

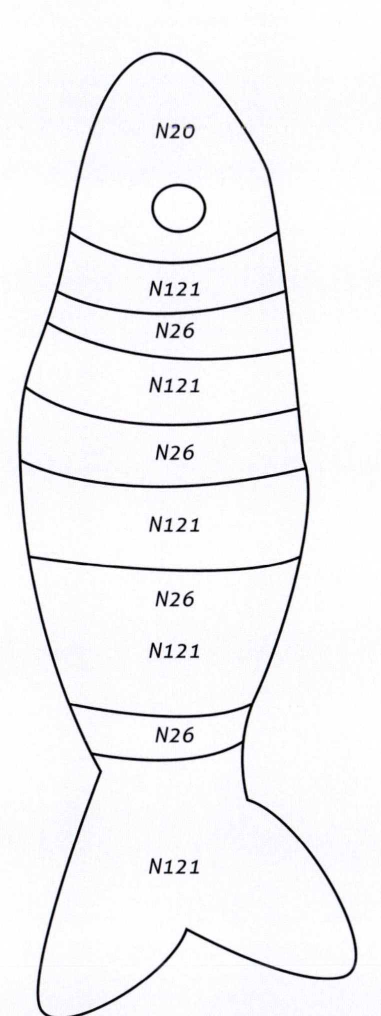
N20
N121
N26
N121
N26
N121
N26
N121
N26
N121

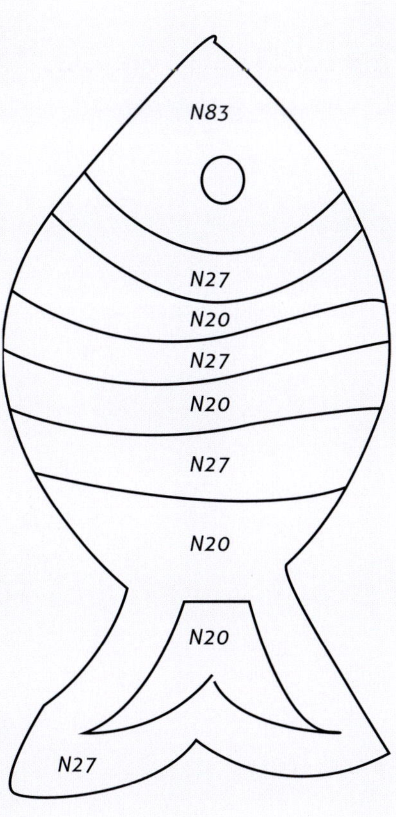
N83
N27
N20
N27
N20
N27
N20
N20
N27

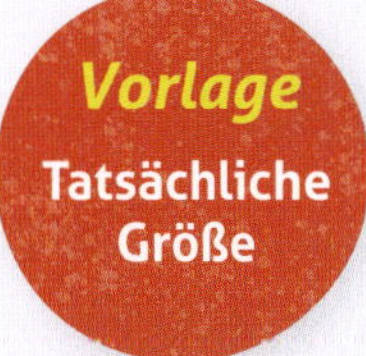
Vorlage
Tatsächliche Größe

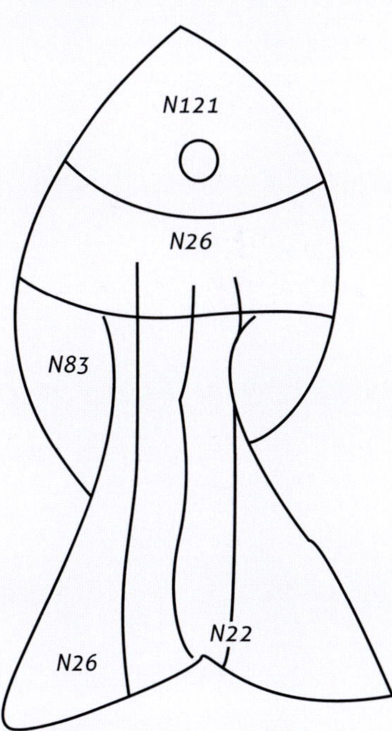
N121
N26
N83
N22
N26

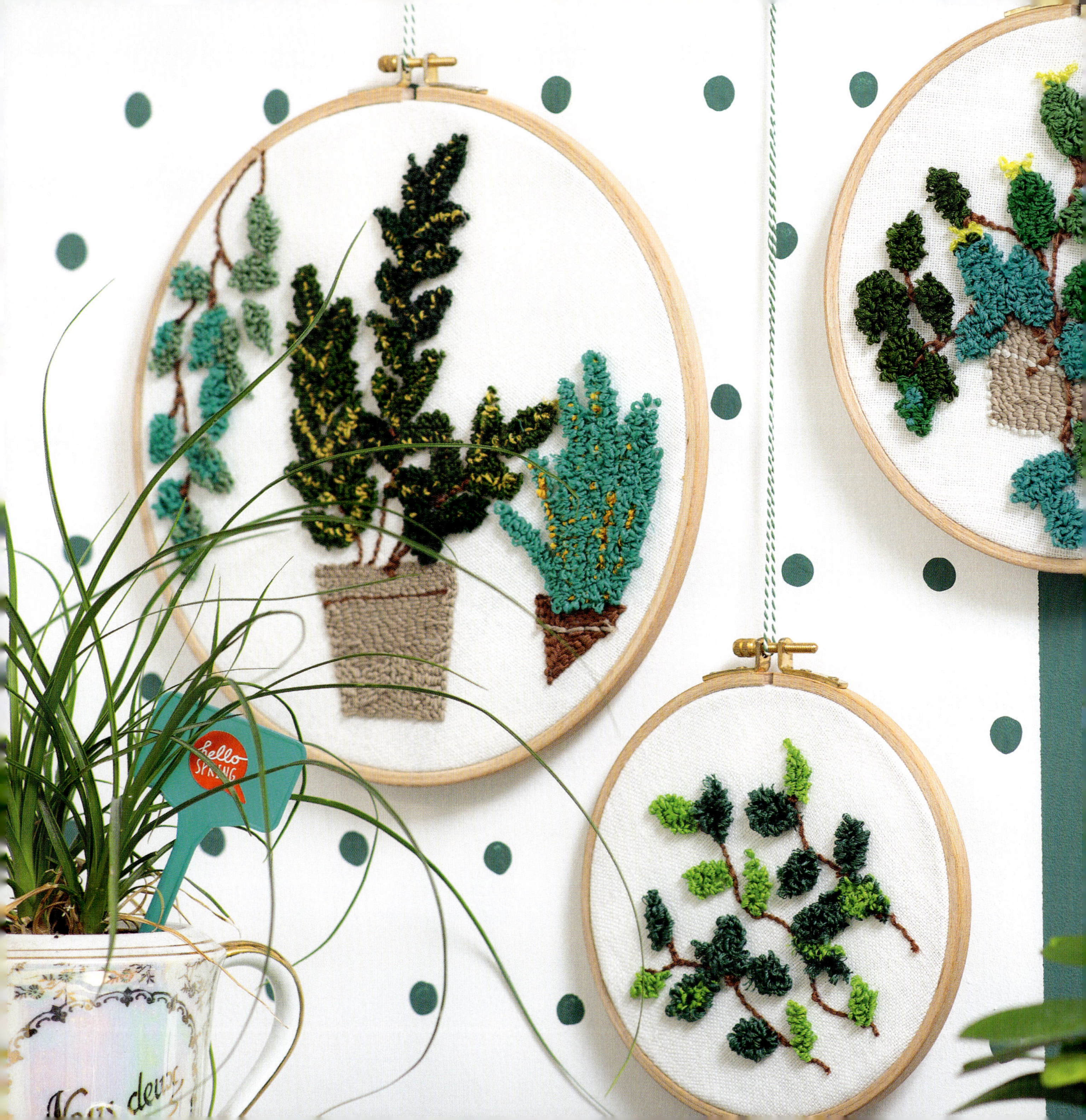
hello

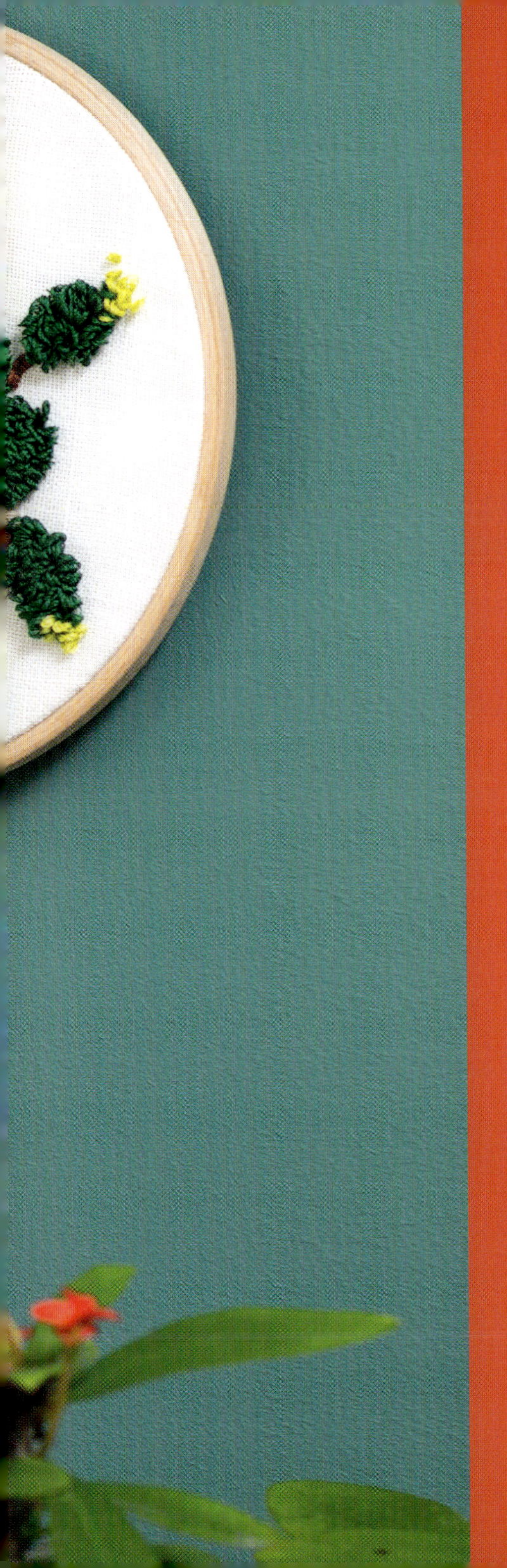

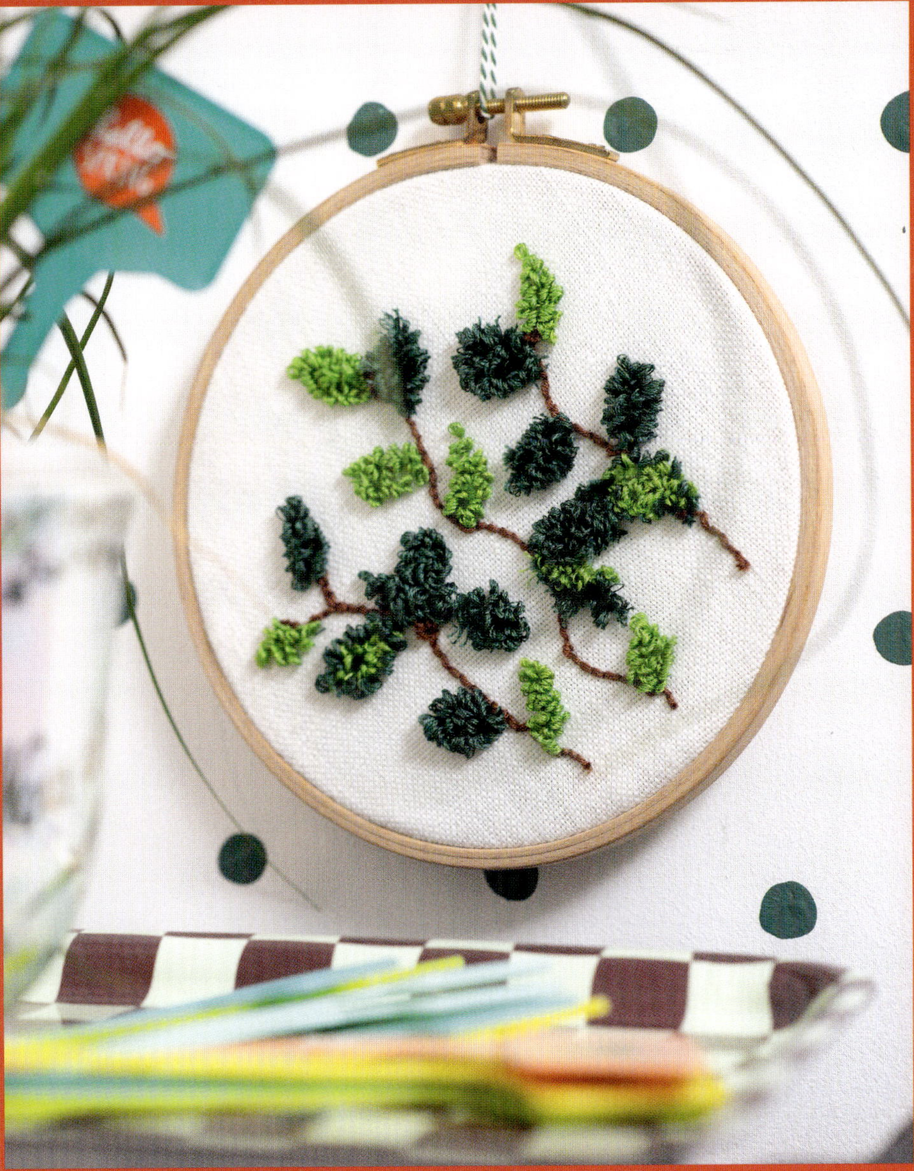

PFLANZENBILDER

PFLANZENBILDER

Größe: ø 30 cm für den großen Ring, ø 15 cm für den mittleren Ring und ø 12,5 cm für den kleinen Ring

Material

- Garn DMC Mouliné Spécial: 3345 (dunkelgrün), 3812 (türkis), 3850 (maigrün), 3808 (petrol), 3819 (gelb), 524 (moos), 958 (jade), 911 (grün), 907 (hellgrün)
- Baumwollgarn DMC Natura: N121 (hellgrau), N41 (braun)
- Stoff
- Punch Needle, fein
- Stickringe, Durchmesser 30, 15 und 12 cm
- Schere

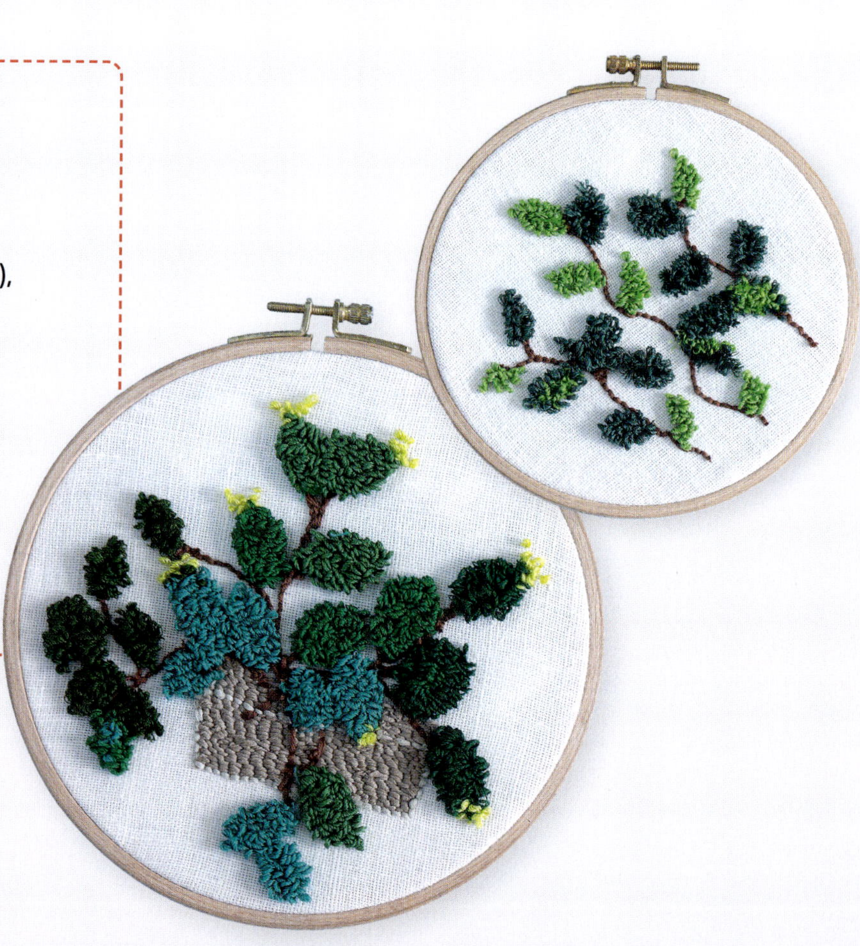

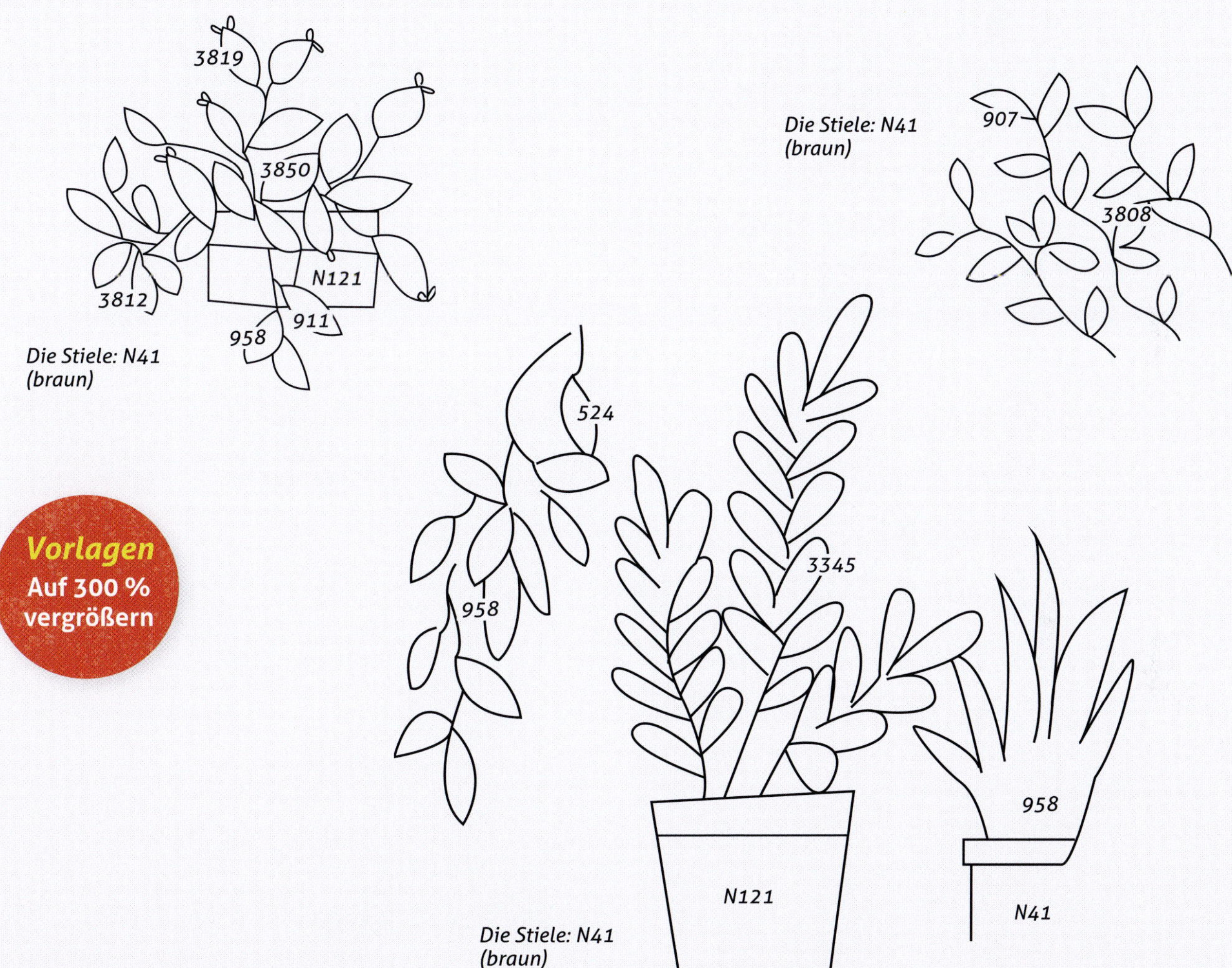

Ausführung

1. Übertragen Sie für jeden Stickring das Motiv auf die Vorder- und Rückseite des Stoffes (siehe Schritt-für-Schritt-Anleitung S. 11). Spannen Sie den Stoff in den Stickring.
2. Sticken Sie entsprechend dem Motiv abwechselnd flache Stiche und Schlaufen (siehe Schritt-für-Schritt-Anleitung S. 12).
3. Anschließend können Sie Ihre Kreationen in den Stickringen lassen.

HAARSPANGE MIT MIMOSEN-MOTIV

Größe: 4 x 7,5 cm

Material

- Baumwollgarn DMC Natura: N35 (creme)
- DMC Mouliné Spécial : 972 (gelb), 702 (grün)
- Stoff
- Stickrahmen, 15 cm
- Punch Needle, fein
- Nähnadel
- weißes Nähgarn
- Schere
- Textilkleber
- Kraftkleber
- dünnes steifes Molton
- Sockel für Haarnadel

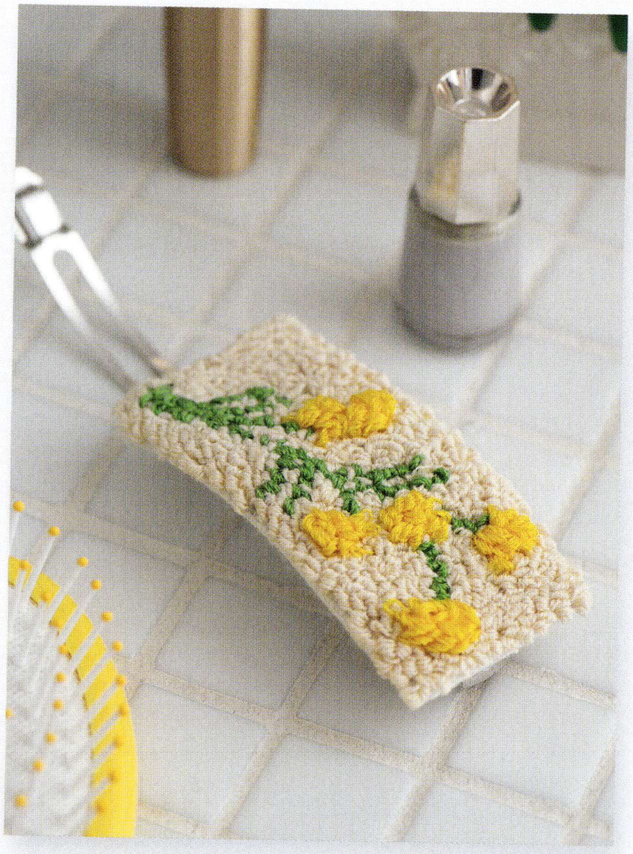

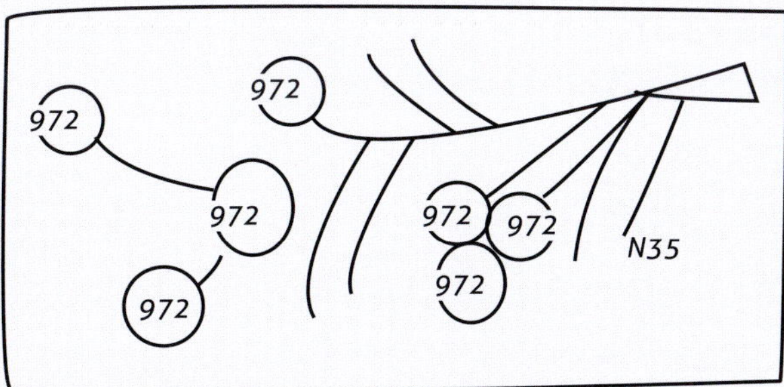

Die Stiele: 702 (grün)

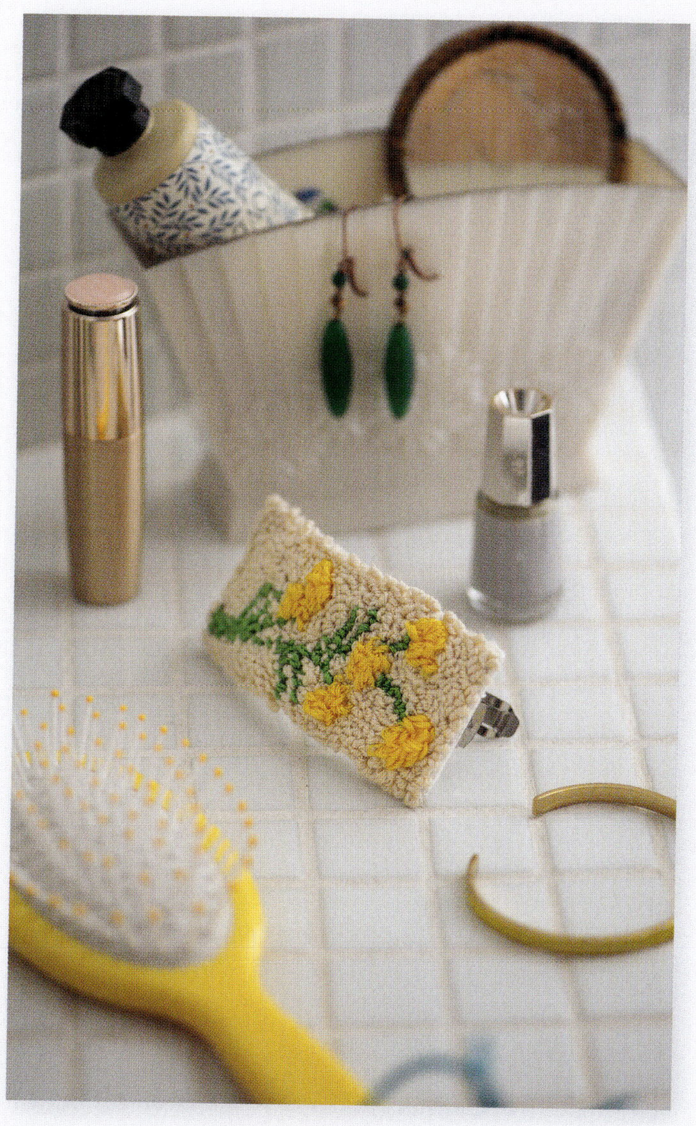

Ausführung

1. Das Motiv auf den Stoff (siehe Schritt-für-Schritt-Anleitung S. 11) übertragen.
2. Den Stoff in den Stickring spannen.
3. Sticken Sie Schlaufen (siehe Schritt-für-Schritt-Anleitung S. 12).
4. Die Haarspange zuschneiden und einen Stoffrand von 2 cm belassen.
5. Raffen Sie den Stoff mittels Nadel und Nähfaden, um ihn auf der Rückseite umzulegen und bügeln Sie darüber.
6. Schneiden Sie ein Gegenstück in Form der Haarnadel aus dünnem Hartschaumstoff zu und kleben Sie dieses dann auf die Rückseite. Kleben Sie den Sockel auf die Rückseite der Haarnadel.

CRAZY PLANT LADY

Größe: 22 x 41 cm

Material

- Baumwollgarn DMC Natura: N25 (dunkeltürkis), N14 (lichtgrün), N49 (türkis)
- Garn DMC Mouliné Spécial: 3013 (lindengrün)
- Leinenstoff
- Stickrahmen, 30 cm oder Holzrahmen
- Punch Needle, fein
- Nähnadel
- beiges Nähgarn
- Schere
- Holzstab
- ca. 30 cm Schnur

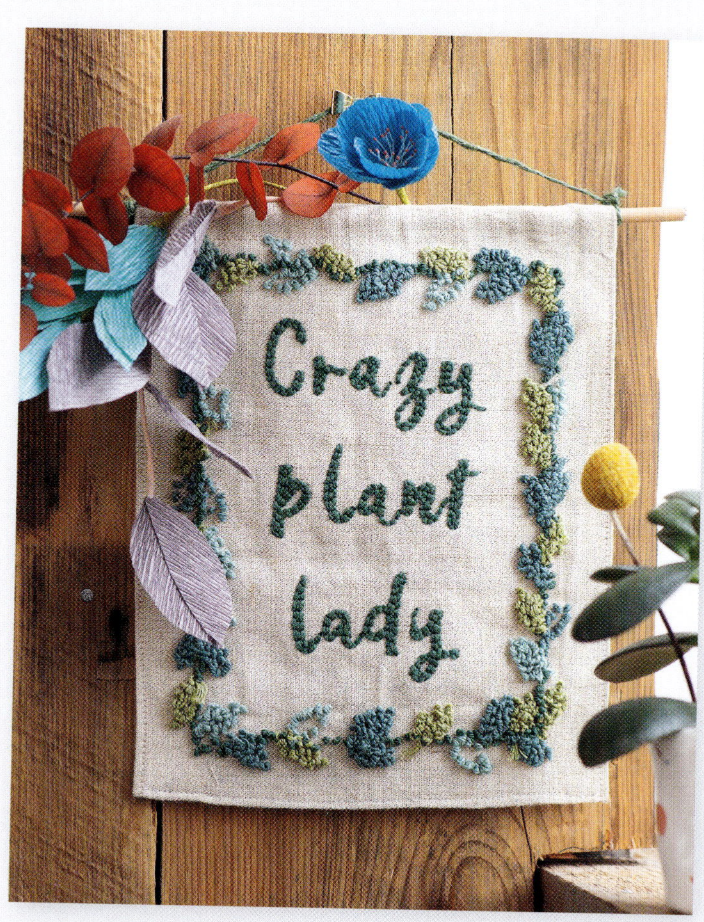

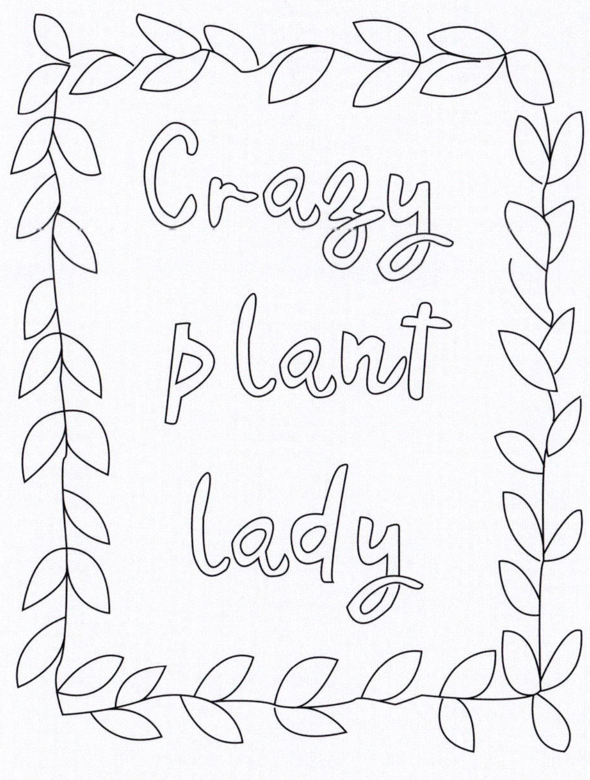

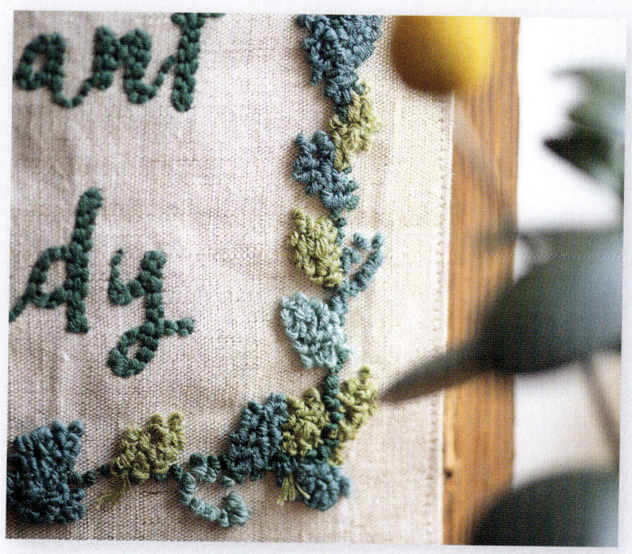

Die Stiele und die Schrift: N14 (lichtgrün)
Hellgrüne Blätter: 3013 (lindengrün)
Türkisfarbende Blätter: N25 (dunkeltürkis)
Hellblaue Blätter: N49 (türkis)

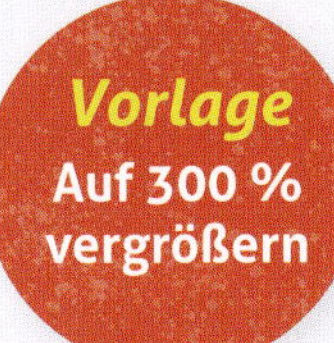

Ausführung

1. Übertragen Sie das Motiv auf die Vorder- und Rückseite des Stoffes (siehe Schritt-für-Schritt-Anleitung S. 11).
2. Den Stoff in den Stickring oder auf den Rahmen spannen.
3. Dem Motiv entsprechend abwechselnd flache Stiche und Schlaufen (siehe Schritt-für-Schritt-Anleitung S. 12) sticken.
4. Fertigen Sie auf jeder Seite der Sichtfläche einen Saum und nähen Sie oben auf der Sichtfläche eine gerade Naht in 2 cm Abstand von der Kante, um anschließend den Stab hineinzuschieben. Nun müssen Sie nur noch die Schnur befestigen, indem Sie an jedem Ende einen doppelten Knoten machen.

TRAGETASCHE

Größe: 29 x 36 cm

Material

- Baumwollgarn DMC Natura: N85 (gelb), N14 (lichtgrün), N25 (dunkeltürkis), N106 (hellblau), N76 (kiwigrün), N41 (braun)
- Garn DMC Natura Medium: 03 (creme)
- Punch Needle 1/4, mittel
- 2 Lederbänder, Breite 3 cm, Länge 30 cm
- Baumwollfutter
- Stoff
- Stickring oder Rahmen
- Nähmaschine
- Schere

Ausführung

1. Übertragen Sie das Motiv (36 x 30 cm) auf die Vorder- und Rückseite des Stoffes (38 x 32 cm mit Nahtzugabe) (siehe Schritt-für-Schritt-Anleitung S. 11). Spannen Sie den Stoff in den Stickring oder auf den Holzrahmen.
2. Sticken Sie entsprechend dem Motiv abwechselnd flache Stiche und Schlaufen (siehe Schritt-für-Schritt-Anleitung S. 12).
3. Schneiden Sie ein weiteres Stück Stoff von 38 x 32 cm, welches zusammen mit dem bestickten Stoff die Außenseite der Tasche bilden wird und zwei Stück Baumwollstoff von 38 x 32 cm im Futterstoff zu. Kennzeichnen Sie die Markierungen für die Henkel (8 cm vom Rand) auf den beiden Stücken Oberstoff. Schneiden Sie ebenfalls zwei Rechtecke von 30 x 3 cm aus dem Leder zu, welche als Henkel für die Tasche dienen werden.

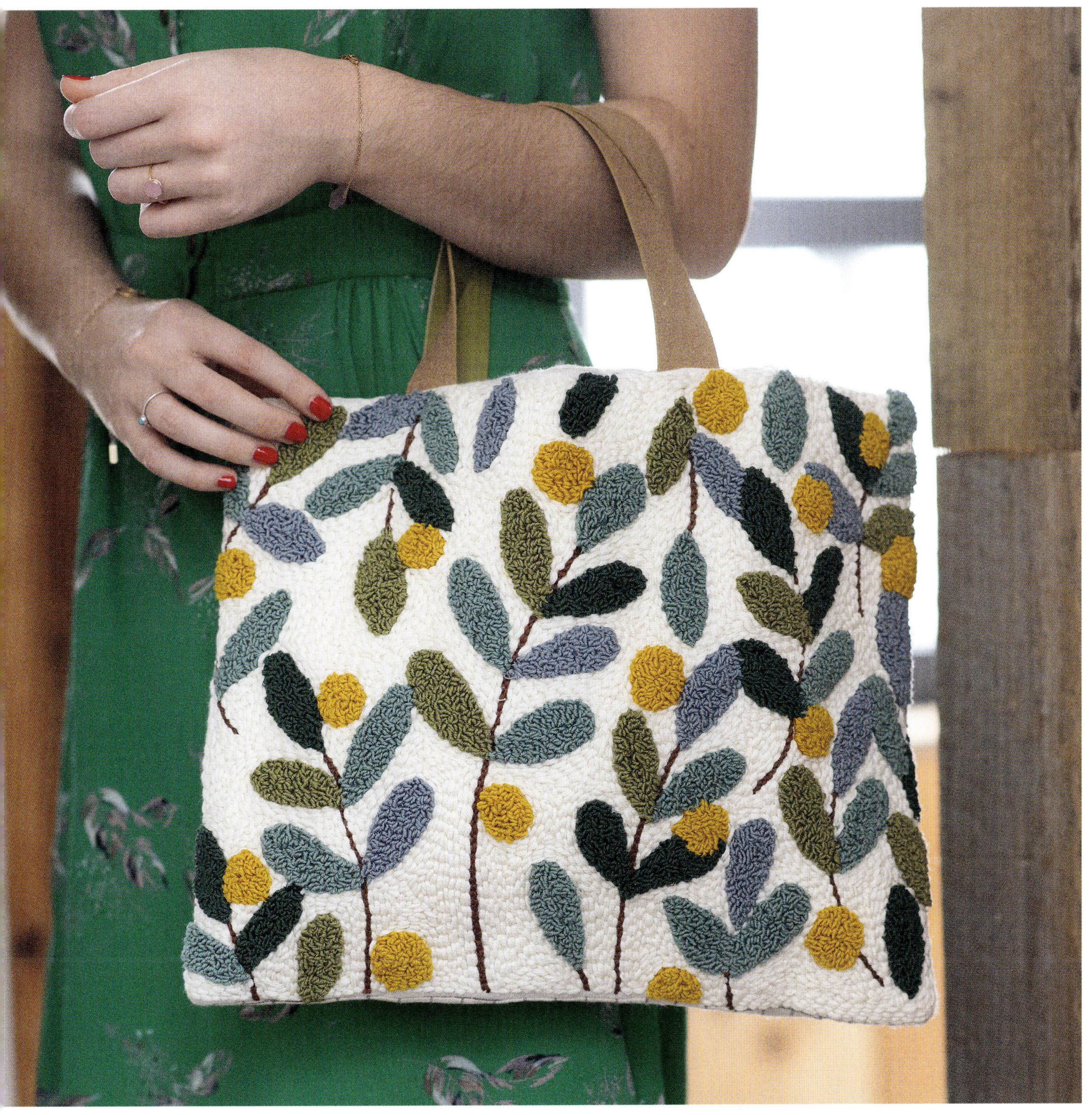

4. Legen Sie die Henkel auf den Oberstoff, rechts auf rechts, und nutzen Sie dabei die zuvor aufgezeichneten Markierungen. Nähen Sie eine Stütznaht in 0,5 cm Abstand von der Kante. Legen Sie anschließend Vorder- und Rückseite der Tasche rechts auf rechts aufeinander. Heften Sie die Konturen der Tasche und steppen Sie diese ab. Wiederholen Sie diesen Schritt mit den Teilen des Futterstoffs.
5. Vergessen Sie nicht, am Boden der Tasche eine Öffnung zum Wenden zu belassen. Fügen Sie die Tasche und das Futter zusammen: Heften Sie das Futter rechts auf rechts an der Tasche fest und steppen Sie die Oberseite der Tasche ab. Wenden Sie das Ganze auf die rechte Seite und nähen Sie auf dem gesamten oberen Rand der Tasche eine Ziernaht von ca. 2 mm. Verschließen Sie die Öffnung im Futter mit kleinen Blindstichen.
6. Um das Futter gut mit der Tasche zu verbinden, können Sie ebenfalls einige kleine Stiche am Boden der Tasche und entlang der Seitennähte machen.

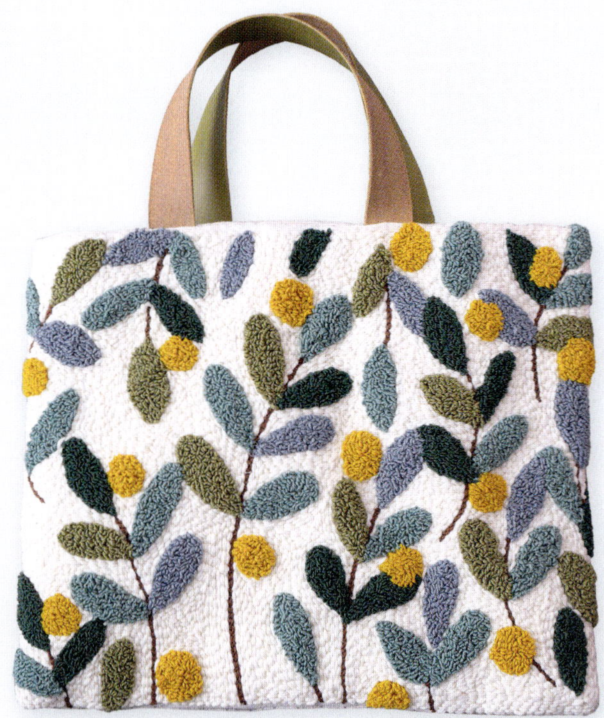

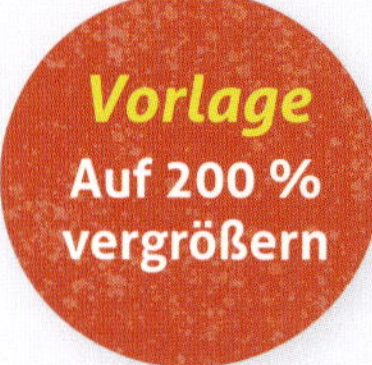

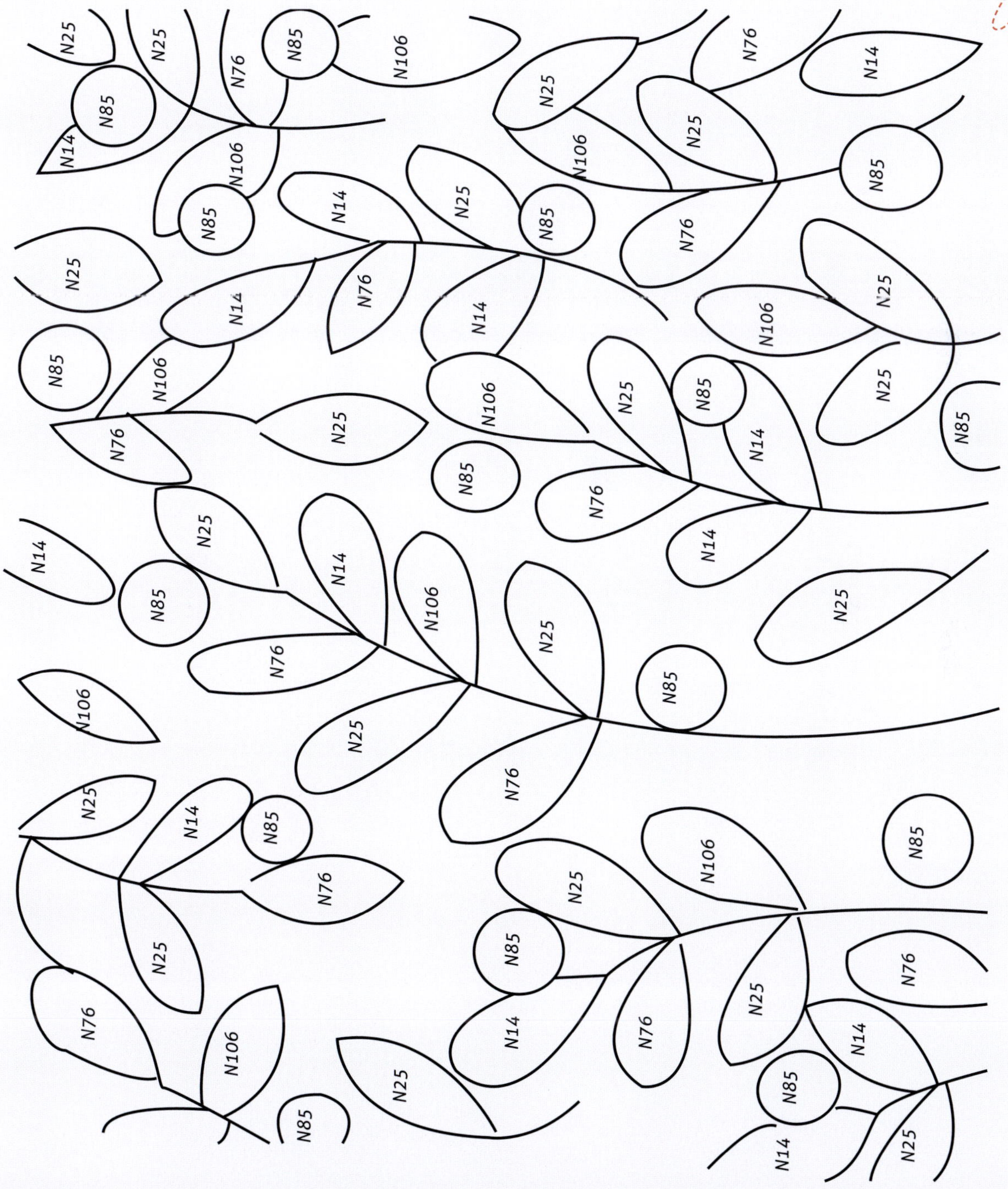

Die Stiele: N41 (braun)
Der Hintergrund: 03 (creme)

ÜBERTOPF

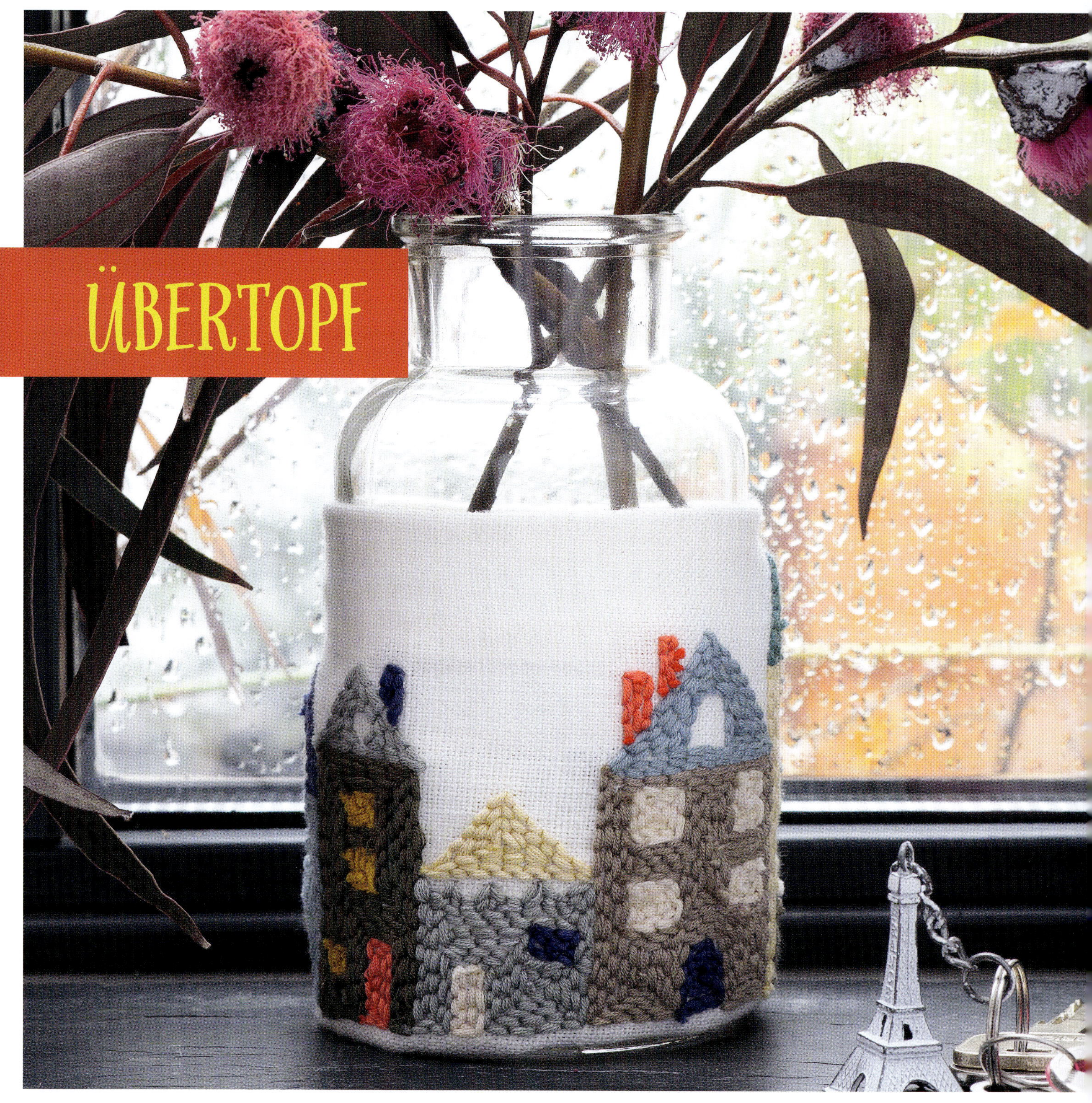

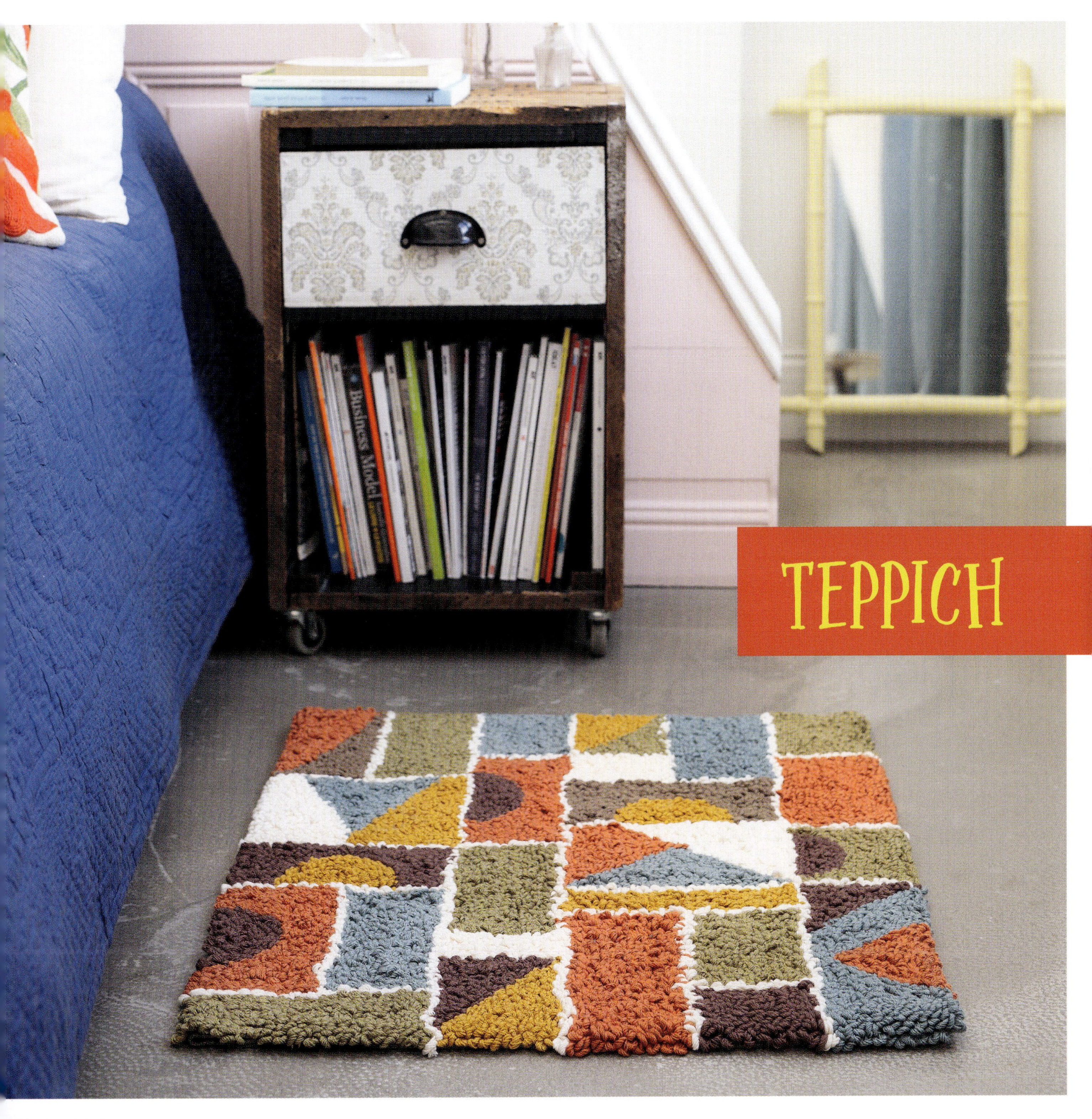

TEPPICH

ÜBERTOPF

Größe: 7 x 14,5 cm

Material

- Baumwollgarn DMC Natura: N106 (hellblau), N83 (zartgelb), N78 (taupe), N22 (mokka), N53 (blau), N85 (gelb), N49 (türkis), N23 (rot), N02 (weiß), N121 (hellgrau)
- Stoff
- Punch Needle, fein
- Stickring in passender Größe oder Holzrahmen
- Nadel
- weißes Nähgarn
- Schere
- eine Glasflasche

Tipp
Wiederholen Sie das Motiv je nach Umfang der Flasche mit wechselnden Farben.

Ausführung

1. Berechnen Sie den Umfang der Glasflasche und übertragen Sie anschließend das Motiv auf den Stoff (siehe Schritt-für-Schritt-Anleitung S. 11).
2. Den Stoff in den Stickring oder auf den Holzrahmen spannen.
3. Dem Motiv entsprechend gleichmäßige flache Stiche (siehe Schritt-für-Schritt-Anleitung S. 12) sticken.
4. Fertigen Sie mit dem Bügeleisen einen Saum, um ein Rechteck von ca. 12 cm Höhe zu erhalten. Führen Sie auf der linken Seite eine gerade Naht aus, um den Flaschenüberzug zu schließen.
5. Das Ganze wenden und über die Flasche ziehen.

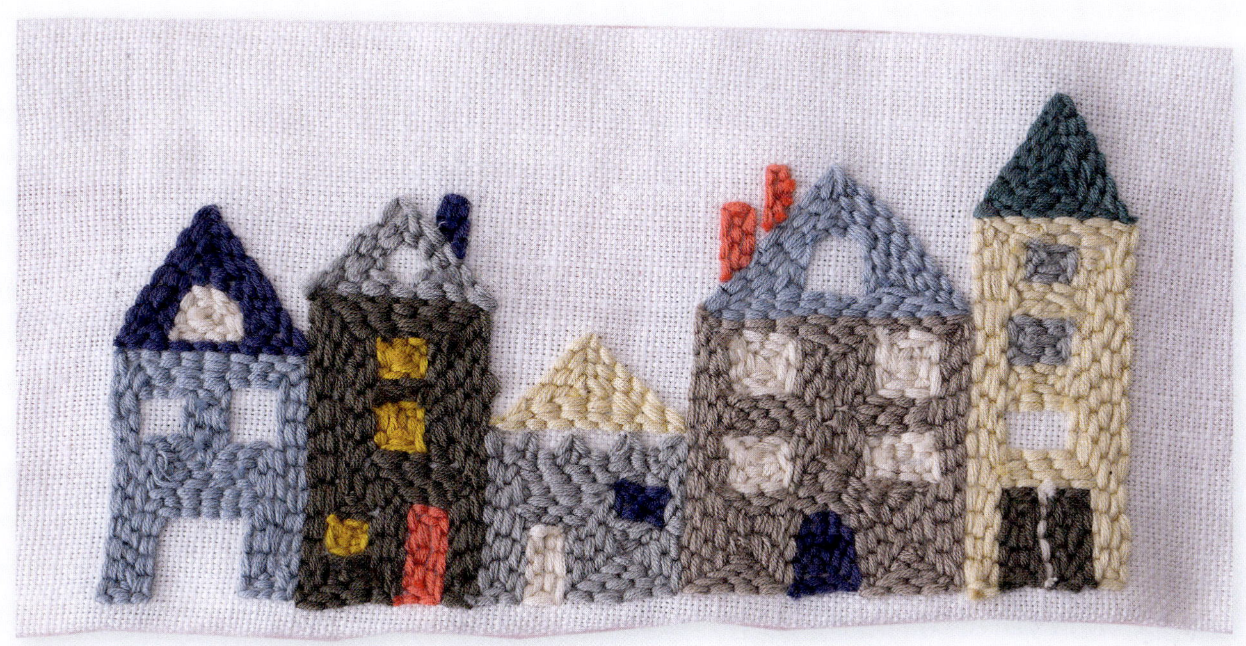

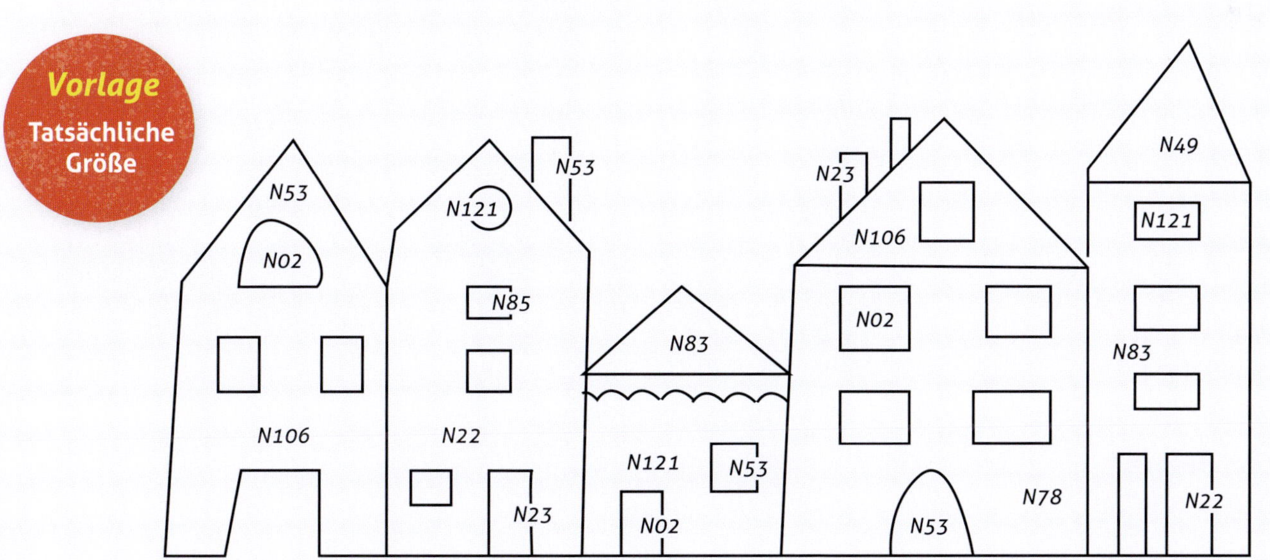
Vorlage
Tatsächliche Größe
N53
N02
N106
N121
N53
N85
N22
N23
N83
N121
N53
N02
N23
N106
N02
N53
N78
N49
N121
N83
N22

TEPPICH

Größe: 65 x 90 cm

Material

- Baumwollgarn DMC Natura XL: 2 Knäuel der Farben 92 (gelb), 101 (orange), 84 (moosgrün), 03 (creme), 72 (pastellblau); 1 Knäuel der Farben 11 (braun), 111 (beere)
- Punch Needle, Größe 10
- Stoff
- Filzstück zum Unterfüttern des Teppichs
- Holzrahmen
- Füllwatte
- Metallreißverschluss goldfarben, 32 cm
- Stecknadeln
- Nadel
- graues Nähgarn
- Schere

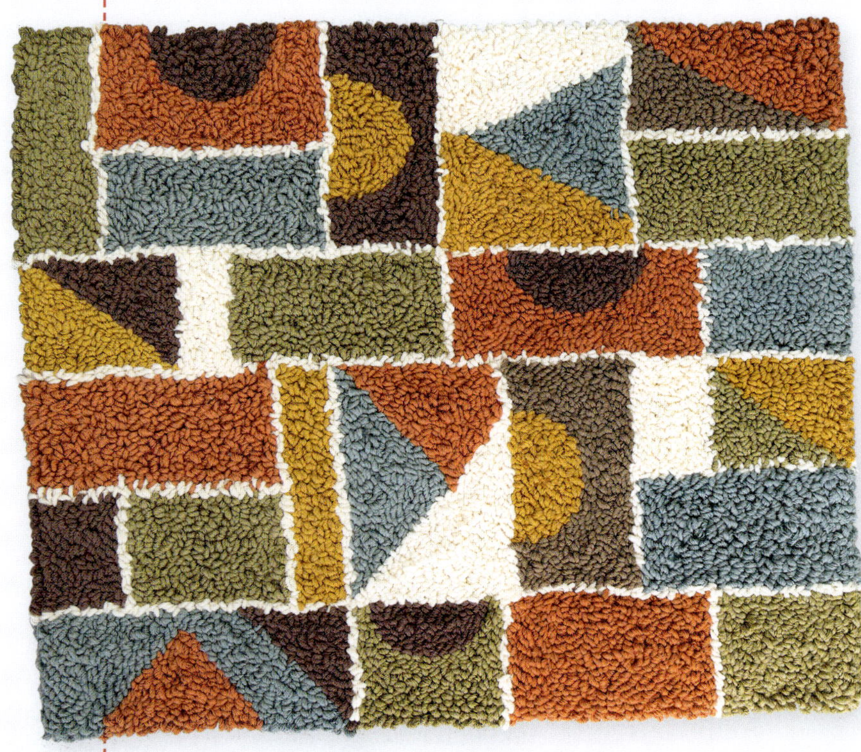

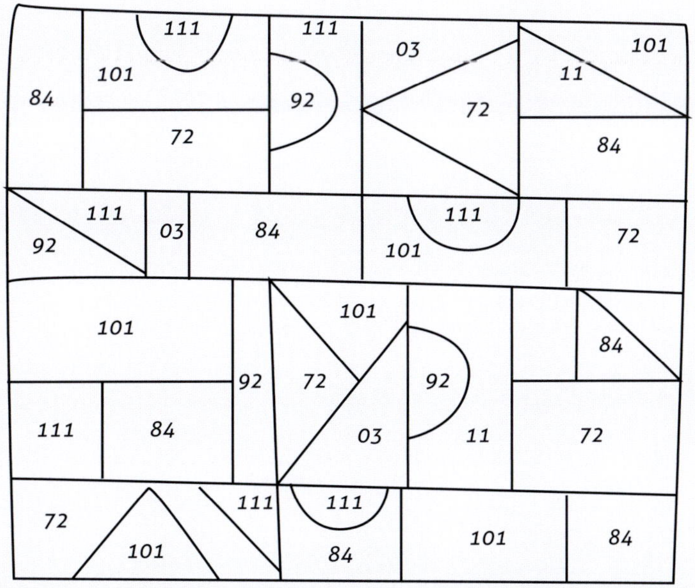

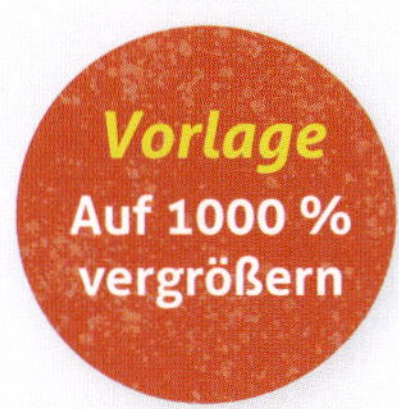

Ausführung

1. Das Motiv auf den Stoff (siehe Schritt-für-Schritt-Anleitung S. 11) übertragen.
2. Den Stoff auf den Holzrahmen spannen.
3. Sticken Sie entsprechend dem Motiv gleichmäßige Schlaufen (siehe Schritt-für-Schritt-Anleitung S. 12).
4. Wenn die Stickarbeit fertig ist, schneiden Sie den Stoff 5 cm von der Stickerei entfernt zu und bügeln Sie darüber, um einen Saum zu erhalten. Das Filzstück auf die Größe der Stickarbeit zuschneiden und es anschließend rundherum mit Festonstich annähen.

Weiteren Bastel- und Handarbeitsspaß für Klein und Groß bieten folgende Titel aus der „Mach mit!"-Reihe:

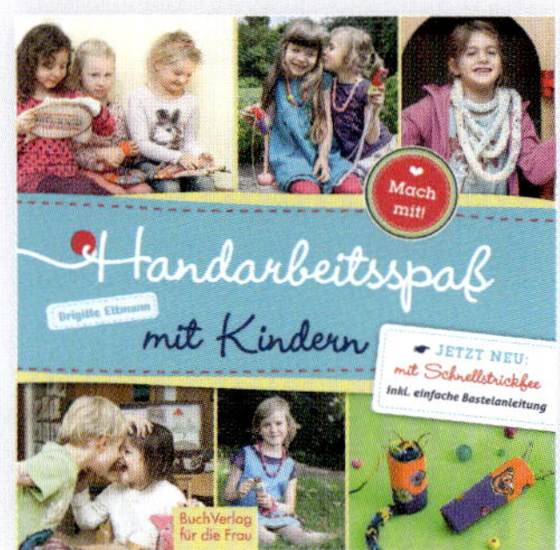

Brigitte Ettmann
Handarbeitsspaß mit Kindern
104 Seiten, farbig, gebunden
ISBN 978-3-89798-445-5

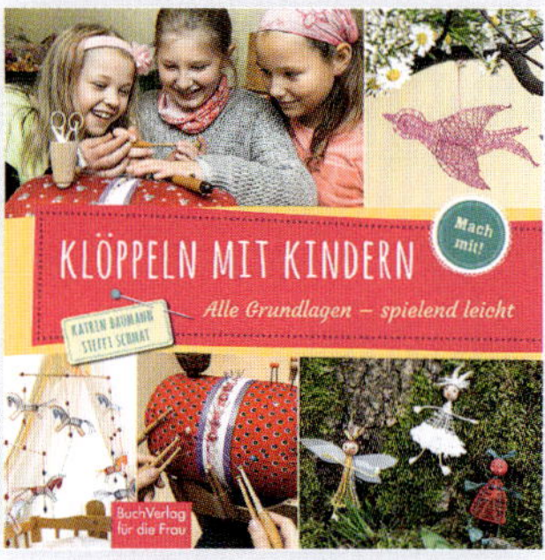

Katrin Baumann/ Steffi Schmat
Klöppeln mit Kindern
96 Seiten, farbig, gebunden
ISBN 978-3-89798-514-8

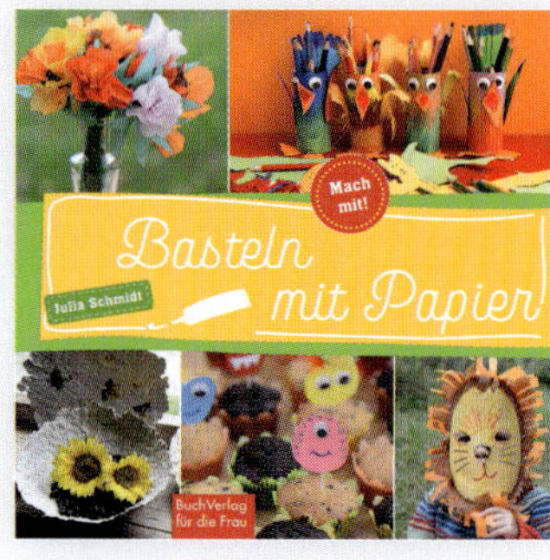

Julia Schmidt
Basteln mit Papier
88 Seiten, farbig, gebunden
ISBN 978-3-89798-556-8

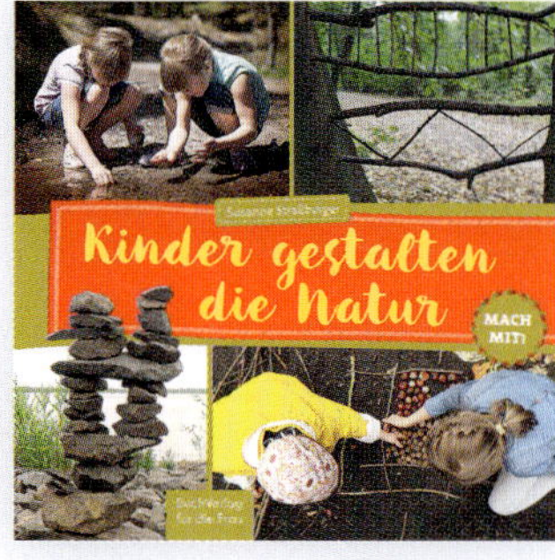

Susanne Straßburger
Kinder gestalten die Natur
88 Seiten, farbig, gebunden
ISBN 978-3-89798-578-0

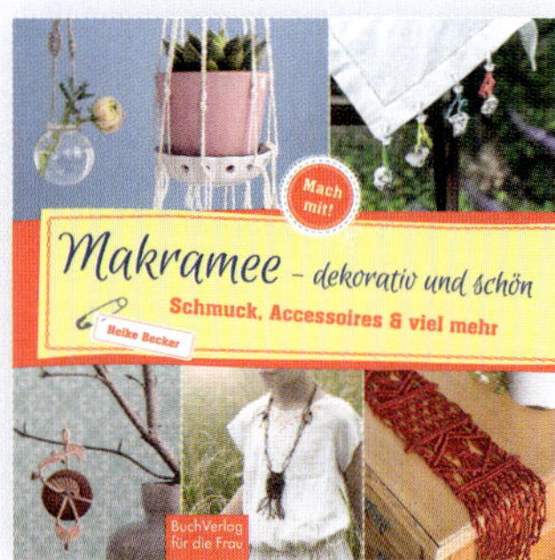

Heike Becker
Makramee – dekorativ und schön
88 Seiten, farbig, gebunden
ISBN 978-3-89798-524-7

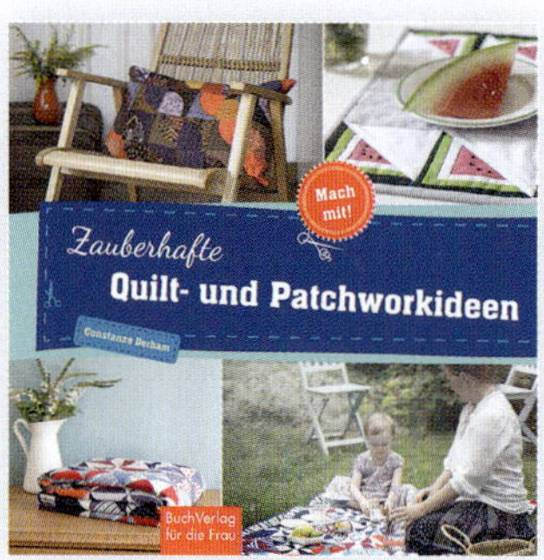

Constanze Derham
Zauberhafte Quilt- und Patchworkideen
88 Seiten, farbig, gebunden
ISBN 978-3-89798-536-0

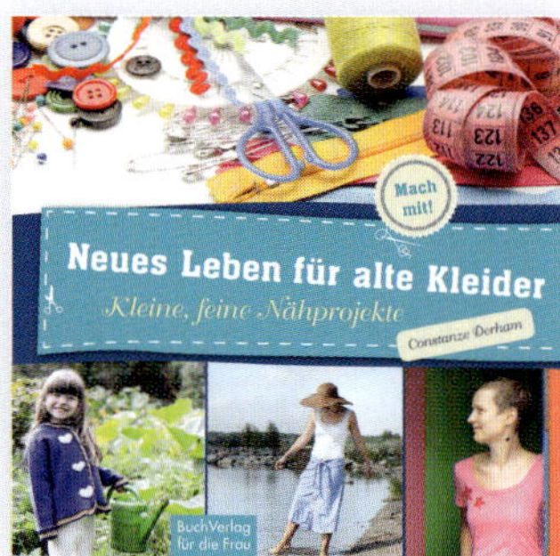

Constanze Derham
Neues Leben für alte Kleider
80 Seiten, farbig, gebunden
ISBN 978-3-89798-482-0